國立中央圖書館出版品預行編目資料

從老莊思想詮詁莊書外雜篇的生命哲學 / 陳德和
著. -- 初版. -- 臺北市 : 文史哲, 民82
面 ; 公分. -- (文史哲學集成 ; 300)
參考書目:面
ISBN 957-547-822-3(平裝)

1. (周) 李耳 - 學識 - 哲學 2. (周)
莊周 - 學識 - 哲學 3. 莊子 - 批評,解釋等

121.337 82007765

(300) 文史哲學集成

從老莊思想詮詁莊書外雜篇的生命哲學

著者：陳德和
出版者：文史哲出版社
登記證字號：行政院新聞局局版臺業字五三三七號
發行人：彭正雄
發行所：文史哲出版社
印刷者：文史哲出版社
台北市羅斯福路一段七十二巷四號
郵撥〇五一二八八一二彭正雄帳戶
電話：三五一一〇二八

實價新台幣三六〇元

中華民國八十二年十月初版

ISBN 957-547-822-3

序

寫莊子難，一者莊子多寓言，論道說理，重在解消，而不在構成，概念抓不住，體系也就架構出不來；二者莊子有內篇與外雜篇的分異，在歷史定位與思想傳承上，頗多爭論，以內篇爲主，當然純淨多了，卻割捨了原本的豐富性，若引進外雜篇，則不免駁雜，且道在生命之外，成了超絕的存在，而與主體有隔。

陳德和先生，出身鄉土農家，草根性特強，求學進程由師專而師大，在師範系統中成長，獨顯誠樸厚實的書生風格，歷任中、小學教師，認眞負責，顯發氣魄擔當的豪情。而最重大的轉變，則在由國文系翻上哲研所。

實則，國學義理、辭章、考據鼎立三分，義理是哲學，辭章是文學，考據則近史學，文史哲本來不分家。德和舍辭章、考據，而專攻義理，不僅未偏離當行本色，抑且是更上層樓。在國文系的幾年陶養，已然在他的鄉土草根裡，注入了文化傳統的深情，研讀中國經典，不管儒家或道家，總會有感覺有發現。

本書的撰寫，基於對莊子外雜篇一向被貶抑爲悖離老莊義理的不平感而來，頗有平反千古冤情的俠義風骨，故下工夫在莊子外雜篇與老子、莊子內篇做義理的比對，他發現不僅未有悖離，根本就是進一步的延伸。故本書不急於建構封閉式的理論體系，而用心在證成開放式的思想傳承。由此化解了長久以來內篇與外雜篇對立甚至破裂的緊張關係，而成了一脈相傳的思想開展。我想本論文的優點在此，而缺點亦在此。莊子說：「其分也，成也；其成也，毀也。」（齊物論）任何積極性的正面觀點，同時背負有被質疑的負面難題。

還好，德和先生還年輕，學術研究的生涯，還有好一段路要走，我以多年來相處相知的經驗，深知他會走過來，也會走出來的。

王邦雄　八二年十月序於中央大學哲研所

自序

自古以來，老莊思想無論在生活天地以及學術殿堂，就一直被中國人所鍾愛。《道德經》的玄妙精微、《南華經》的瓌瑋虛靈，展露了道家義理含蘊深廣的綿緲境域，而它恬淡自得、和諧共榮的修養境界，更是騷客墨人最好的啓示和慰藉。不管從知性的探索或者從情意的陶鑄而言，老莊思想的確有它迷人的丰采。

對於中國哲學園地的拓墾，我幸遇良師而啓蒙甚早，且一往直前百死不悔，二十多年來，《論》、《孟》、《老》、《莊》從不曾離開過我的案頭，我並不迷信半部《論語》可以治天下，但每當讀到孟子：「夫天未欲平治天下也，如欲平治天下，當今之世，舍我其誰」時，那種「六經責我開生面，七尺从天乞活埋」的氣魄，就會滂礴胸臆，久久不能自已，這種心境充分證明了我對義理的擔當和對文化的自覺。

以我這般性情，註定是要以儒家入世的精神，積極獻身於教育工作的，我當過七年的小學級任導師，在國中服務時做過兩年的管理組長，教高中的第一年還兼辦訓導業務，這些都是既勞心勞力又不討好的差事，我莫不義無反顧地肩負起來，由於職責所在、求好心切，免不了會有沮喪和挫折，然而等牢騷發過或大睡一場之後，我總是又以「何事非君，何使非民」自勉，並繼續迎接挑戰、尋求突破。基於這種心態，我和老莊一直沒有緣分投契相應，我曾背完《道德經》五千言，也曾熟記《莊子》的內七篇，但是我往往只挑剔它們的缺點，而忽略了做爲中國文化主流之一的老莊思想，其實是有其顛撲不滅的精義的。

民國七十八年我幸運考取了國立中央大學哲學研究所，老莊和我之間的感情從此有了扭轉，中大校園的山林逸趣蘊育着道家情調，中大兩年，在指導教授的啓迪、引發下，我虛心、紮實地深入鑽研老莊原典，雖不敢妄稱解人，但也摸索出幾分意思，於是決定以老莊思想爲課題，正式進行嚴肅的學術研究，《從老莊思想詮詁莊書外雜篇的生命哲學》的專論就在這種情況下，醞釀、構思而逐漸成形。

我之所以選定這個題目，另外有一個主要原因，那就是不滿於北宋以後，讀書人對莊書外雜篇的漠視和貶抑。我很納悶：爲什麼被郭象所認同，並且已經傳承數百年的東西，會在蘇東坡的揭竿而起之下，就被打入冷宮？我企圖重新修復這一個斷層，我也清楚意識到「自其異者視之，肝膽楚越也」的道理，所以一開始就拿定中國哲學最根本的關懷——「生命主體」——做爲核對的焦點，並且要求自己務必落實在原典中一一思索檢測，希望能夠有效證立從老子到莊子、從莊子到莊子後學的連續關係。方向既然如此，於是我對老莊思想的詮釋，就側重申敘它們「價值朗現的內在依據與理想極成的圓融境界」等義理，至於老莊哲學將以何種型態具現在人倫群際與政法文制中，則雖偶有涉及，但限於體裁而不遑詳論，這也就是我揀用「生命哲學」這個名詞，而不願逕稱爲「人生哲學」的理由，依此而言，本課題的研究立場與詮釋理路，是介於廣義的哲學人類學和實踐哲學之間，而且前者的意思尤其重要。

我的研究成果終於如期完成，這就是本書的正文部分，它共分五章：第一章緒言，內容分三部分，首先說明研莊者重內輕外雜的起源和影響，其次確定老莊之間年代的先後關係，最後將內篇思想歸諸莊周，而把外雜篇看作是莊子後學的文字結集；第二章釐定老莊思想中的天道人德，其中反複判讀《道德經》與《南華七篇》，亟力證成老子「返樸抱一」和莊子「全德葆眞」的妙義，並綜括道家生命圓現的歷程，稱它爲「從天人的超越區分到辯證的融合」；第三章展現老莊思想及其後學薪火相傳的脈絡，主要是分析、歸納老莊原典中關鍵語彙如：道、德、眞、常等概念的眞切意義，以找尋其中遞嬗推衍的可靠線索，並依據老莊「批判反省同體肯定」的哲學型模，檢證外雜篇的表達方式，而建立它們之間外延上的相容關係；第四章則是整個研究工作的主幹，根據前三章對於老莊的詮釋成績，逐一析繹外雜各篇的生命哲學，客觀呈現出老子莊子及其師友弟子間，慧命相續的共感；第五章結論，一方面反省本文的成就及其限制，另一方面則重新標定外雜篇應有的地位，並強調本研究的主要成果，是以宏觀的視域，融化了《莊子》內篇與外雜篇的緊張和對立，而爲老莊思想的延展，略盡一分整合的工作。

本書後面另外有附錄三篇，它們分別討論老子、莊子和莊子後學的思想，完全能與書名相呼應，這三篇文章曾先後發表於《鵝湖》第一八九期、一九三期和二一九期，前兩篇是較早的作品，現在稍加修訂增錄於此，恰好可以和正文的內容詳略互補、參考發明；第三篇〈畸人與眞人——莊子大宗師的超越性和圓融性〉則是最近的論述成績，原來我在處理正文的課題時，由於體例的限制，對《莊子・大宗師》的著墨較少，而偏偏〈大宗師〉在莊學中又是相當重要的文獻，此事我一直耿耿於懷，此文的撰寫，有一點就是出於補過的心理，現在能放在這裡同時出版，亦差可無憾了，在這篇文章中，我對莊子的思想有更細膩的表達，所以建議讀者閱讀本書時，不妨先由此篇開始。

本書的寫作，從選題、擬綱、定目到取材論述，承蒙王師邦雄惠予指導，完稿之前，又蒙中央大學朱建民教授、袁保新教授以及文化大學楊祖漢教授的審閱教正，隆誼厚愛令我感激不盡，在此謹致誠摯的謝意，不過書中一切文責仍當由我荷負。我本才疏學淺，雖不乏良師的提携，然而本書闕誤、疏漏的地方一定還有很多，更衷心盼望諸多碩學方家能不吝賜正。最後，願將此一成果獻給茹苦含莘、相夫教子的王瓊璸女史，並當作相愛結褵十六年的見證暨禮物。

陳德和民國八十二年十月序於士林知行齋

從老莊思想詮詁莊書外雜篇的生命哲學

目次

序……王邦雄……一
自序……三
凡例……七
第一章　緒　言……一
第一節　莊學研究之現貌與內外雜篇之輕重……一
第二節　本文研究之動機與論述課題之選定……三
第二章　老莊哲學的生命關懷與圓融理境……一五
前　言……一五
第一節　無爲無執離形去知的常德眞心論……一七
壹、老子常德論的詁權……一七

貳、莊子眞心論的詮定……二五
第二節　反省批判同體肯定的體道證德論……三一
壹、老子返樸抱一的生命理想……三一
貳、莊子全德葆眞的人格實現……三七
第三章　莊書外雜篇對老莊的承繼與接續……五五
前　言……五五
第一節　文獻語彙的遞嬗推衍……五八
壹、《道德經》中常道、常德與眞的關係……五八
貳、莊書內七篇中的德與眞……六〇
叁、莊書外雜篇中的全德與葆眞……六四
第二節　義理架構的貼合符應……六八
壹、老子反反以顯眞的表達方式……六八
貳、莊子其一也一其不一也一的敘述方法……七〇
叁、外雜篇和諧辨證觀的文獻舉證……七六
第四章　莊書外雜篇生命超昇的依據與極成……九一
前　言……九一

第一節　恬淡無為素樸天放的人性論……九二
壹、雜篇中的人性論……九二
貳、外篇中的人性論……九九
第二節　體性抱神法天貴眞的全德論……一一六
壹、雜篇中的全德論……一一六
貳、外篇中的全德論……一二六
第五章　結　論……一五五
參考書目……一六一
附　錄……一六九
一、試論道的雙重性——道德經中的「無」與「有」初探……一六九
二、莊子駢拇、馬蹄、胠篋、在宥四篇的時代背景與義理性格……一九一
三、畸人與眞人——莊子大宗師的超越性和圓融性……二一六

凡例

一、文中提及莊周其人，概稱之爲「莊子」；提及今傳三十三篇之莊子書，概稱之爲「莊書」，偶有逕以「南華經」或「南華眞經」名之者。

二、文中所引《道德經》及莊書三十三篇之原文，概依據台北南嶽出版社翻印之《諸子引得—老子莊子》，以其無註文夾雜，便於查閱故也。

三、因《道德經》文簡詞殺，文中凡有引用，均在原文下加括號標明章次，不另列頁次，除非有特別之討論，否則亦不加註。

四、文中凡引莊書原文，仿《莊子引得》之例，並根據其行列安排，均於原文下加括號，改以小寫國字先標明其篇次，再標明其行次，中間以斜線區隔，亦不另列頁次及加註。

五、除老莊原典外，其餘之文獻或資料，凡有引用，均列註釋說明出處及印行之書局，出版年月概據西曆以小寫國字表之。

六、凡須討論或交代，因求行文方便及脈絡順暢之故，無法於正文中說明者，概以註釋之方式，按序表於各章次之末。

七、文中所涉古今人士，以其相關著述成書之年代爲據，凡民國以前者直稱其姓名、字號，民國以後者，不論性別，一律加稱先生。

第一章 緒 言

第一節 莊學研究之現貌與內外雜篇之輕重

莊子是位奇人，《南華眞經》是部奇書，而最奇特的，是其人其書之「恢恑憰怪，道通爲一」（二／三五），這種芴漠變化，芒乎忽乎的性格，誠如莊子後學在莊書〈天下篇〉所述：

時恣縱而不儻，不以觭見之也。以天下爲沈濁，不可與莊語，以卮言爲曼衍，以重言爲眞，以寓言爲廣。獨與天地精神往來而不敖倪於萬物，不譴是非，以與世俗處。其書雖瓌瑋，而連犿無傷也，其辭雖參差而諔詭可觀。（三三／六四至六七）

正由於如此，莊子其人的思想，以及莊子其書的義法，向爲國人所好奇，歷來解莊、注莊的作品，迭有所出，其中固不乏精妙入神者，除膾炙人口的郭象注外，他如林希逸《莊子口義》、焦竑《莊子翼》、釋德清《莊子內篇註》、方以智《藥地炮莊》、王船山《莊子解》、林雲銘《莊子因》、宣穎《莊子南華經解》、陳壽昌《南華眞經正義》……等，也都有口皆碑，而被後代治莊者奉爲圭臬。

今所見之莊書，分內篇七，外篇十五，雜篇十一，凡三十三篇，係郭象所刪訂者，郭象說：

> 夫學者當以成性易知爲德，不以能攻異端爲貴也。然莊子閎才命世，誠多英文偉詞，正言若反，故一曲之士，不能暢其弘旨，而妄竄奇說，若閼奕、意脩之首，卮言、游鳧、子胥之篇，凡諸巧雜諸此之類，十分有三，或牽之令近，或遷之令誕，或似山海經，或似占夢書，或出淮南，或辯形名，而參之高韻，龍蛇並御，且辭氣鄙背，竟無深澳，而徒難知，以困後蒙今沈滯失流，豈所求莊子之意哉，故皆略而不存，今唯裁取其長達致全乎大體者，爲三十三篇焉。（註一）

據此可知，今存莊書無論內篇或外雜篇，都是經郭象斟酌損益而予以肯定者，至於爲何要有內外雜之分野？其類別歸屬之標準又何在？郭象似乎並不在意——至少他沒有具體明白地表示——換言之，郭象刪訂莊書做的只是去蕪存菁、去訛存正的工夫，凡是他認爲長達能存乎大體者，就予以保留，故全書三十三篇雖有內外雜之區別，但思想是一貫且同等重要的。

郭象的這項斷定，在隋唐以前並沒有受到質疑，一直到了宋朝以後，才產生革命性的變化，北宋蘇東坡首先懷疑雜篇中〈盜跖〉、〈漁父〉、〈讓王〉、〈說劍〉四篇的眞實性（註二），隨後繼起的考證學者，開始不斷地在篇章年代上給莊書做體檢、出意見，他們的論證雖瑣碎，理由與結論也互有不同，但基本上大致是肯定內七篇的完整性與可靠性，而視外雜篇爲晚出，其作者與時間亦前後不一。由於考證的成果言之鑿鑿，再加上內七章的文章風格與義理表達，前後整齊連貫，與外雜篇間明顯存有粗細之不同，於是自明清以後，整個莊學研究漸漸有重內、輕外雜的趨勢，如明朝憨山大師注莊只及內篇，並說：「一部全書三十三篇，只內七篇已盡其意，其外篇皆曼衍之說耳。學者但精透內篇，得無窮快活，便非世上俗人矣。」（註三）就是重內輕外雜的典型代表。

這種莊學研究的新趨勢，迤邐到了今天，已成爲治莊者的共識，現代學者在前提上大致承認內七篇是莊子的作品，外雜篇則是莊子後學述莊、衍莊的文字結集（註四），所以在詮釋莊子思想時，無不緊扣內七篇文獻發議論，外雜篇則僅作旁證，或暫予擱置（註五），而當需要對莊書做完整探討時，每將外雜篇或附於內篇之後，或獨立於內篇之外，另章說明（註六）。我想，這種刻意區隔內篇與外雜篇的研究態度，無疑是謹慎而且恰當的。畢竟莊子是莊子，莊子後學是莊子後學，彼此間各有各特殊的成長經驗與生活背景，也各有各獨自的思考習慣與性情取向，雖說慧命可以因爲生命存在的呼應與義理關懷的共感而前後相續，但師友之間風格品貌終究是不能等同的，就以老子莊子而言，他們之間有很多相同的關懷與理想，但從風貌與形式來說，還是有相異之處，老莊如此，莊子與莊子後學也一樣，所以，如果僅只是探究莊子個人思想時，內七篇足矣，若內外雜篇須完全兼顧者，則當以「莊子學派」名外雜篇，以表示其同中有異、異中有同，方稱得宜。

第二節　本文研究之動機與論述課題之選定

莊書內篇義理深邃玄奧，文字活絡玲瓏，更難得的是七篇前後交織輝映，能開闔變化，又能形成有機之統一，故舒則燦若繡錦，無處不佳，合則統宗會元，語語見道，向爲哲人、文人所共喜，褚伯秀曾說：

內篇之奧，窮神極化，道貫天人，隱然法度森嚴，與易老相上下，始於逍遙遊，終以應帝王者，學道之要，在反求諸己，無適非樂，然後外觀萬物，理無不齊，物齊而己可忘，己忘而養生之主得矣！養生之所以善己，應物所以善物，皆在德以充之，充則萬物符契宗之爲師，大宗師之本立矣，措諸治道也何難？內則爲聖爲神，外則應帝應王。斯道之所以斂之一身，不爲有餘，散之天下，不爲不足也，夫眞人之所造詣，即七篇而不泥，離七篇而脗合，所以外混光塵內存慧照，善學者於內篇求之，思過半矣。（註七）

林雲銘也說：

逍遙遊言人心多拙於小成，而貴於大；齊物論言人心多泥於己見，而貴於虛；養生主言人心多役於外應，而貴於順；人間世則入世之法，德充符則出世之法，大宗師則內而可聖，應帝王則外而可王，此七篇分著之義也，然人心惟大故能虛，惟虛故能順，入世而後出世，內聖而後外王，此又內七篇相因之理也。（註八）

像這些都是能深切體會內七篇之精妙者，所提出之切中其蘊的讜論。

然而，吾人於此不禁要問，如果後人眞能體會內七篇思想的話，則與莊子年代相近，並可能親聞其謦欬的莊子後學豈不是也能、甚至更能了悟莊子思想的精髓？而今所見外雜二十六篇又是經過篩選後才列入莊書的，那麼它對於莊子思想的詮釋，是不是也有一定的可靠性？如果這些疑問的答案都是肯定的話，則一味地忽略外雜篇，那對莊子與莊子後學思想的研究而言，豈不是一件憾事？甚至若不了解王船山抑制佛老的意識型態，只看到他對外雜篇的強烈評語（註九），就完全否定外雜篇的價值，那更非理性的態度。

我常想，前輩學人依據內七篇來詮釋莊子思想，是表示負責謹愼的治學精神，然在相關文獻中，他們並不缺乏對外雜篇的理解和評斷；我更想，後生學子賴前賢的提攜，固然可以減輕學海無涯的摸索負擔，但絕不能放棄觀念冒險的勇氣，以莊學研究爲例，若不曾在外雜篇中披沙揀金，就將其束諸高閣，並以方家的口吻去妄議得失，那麼恐怕都不免於增上慢之譏了，基於上述幾點反省，於是我選擇莊書外雜篇爲論文研究的範圍。

復次，由於內七篇太耀眼、太高妙了，相形之下，外雜篇就顯得黯淡無光，再加上它恐非一人一時一地的作品，其篇章內容的參差上下，以及義理程度的純雜不一，自不容置疑，所以當我們去處理它時，除非以疏解的方式，循章依句，全盤解說，否則難以掌握全貌、衡定優劣，但對一篇學位論文的提出而言，這恐怕是很曠廢時日的，所以雖然我有這方面的理想與企圖，也只能暫時通權達變一下；現在我改以專題討論的方式，來探究外雜篇，而當面對這麼龐雜的文獻時，勢必先要有一客觀的標準作爲揀擇的依據，然後由點而線，由線而面，展開全向度的探討，此一客觀的標準，最直接者當然非內篇莫屬，更精確的說，非內七篇關懷的焦點莫屬，而這個焦點可能就是內在於人之生命，爲生命貞定了超越之理想與永恒之意義的「道」或者是「德」。

在先秦諸子中，談「道」論「德」最玄妙動人的，應該是老莊了，但老莊年代先後的問題，學界一向有不同的聲音，大多數學者是接受傳統意見，認爲老子在前莊子在後，錢穆先生則是最賣力主張莊前老後者，其弟子唐端正先生克紹箕裘也堅持此意（註十），不過如果純從考據的立場說的話，錢先生常有技術上的犯規，譬如說在〈老子雜辨〉中，他引經據典得出先秦典籍中所提到的老子，可能至少有三人，接著卻武斷地猜測《道德經》是莊子之後，楚人詹何的思想，其依據的理由是莊書內七篇述老聃語絕不見於《道德經》，而《道德經》首章之「道可道，非常道，名可名，非常名」乃莊周、公孫龍之後才可能出現的（註十一）；但這些理由是很難令人信服的：第一、如果內七篇引述老聃的話不見於今之《道德經》，就可以斷定《道德經》後於內七篇的話，那內七篇中凡引述孔子者亦不見於《論語》，是否也可以猜測《論語》可能在內七篇之後呢？第二、內七篇引述老聃語固不見於《道德經》，但內七篇卻未必無類似《道德經》的話，例如〈齊物論〉說「樞始得其環中以應無窮」（二／三一），〈人間世〉說「託不得已以養中」（四／五三），和《道德經》之「多言數窮，不如守中」（五章），就有類似之處；第三：「名」的概念固是名家盛行之後，爲大家所普遍重視者，但在《論語》中卻已有八個「名」字，甚至〈子路〉篇裡面孔子還說過「必也正名乎」的話，從此看來，「名」的概念顯然也是早就有的，它絕非公孫龍以後才被使用。

錢先生還有一不精審處，例如他曾從《道德經》中出現的官制用語以及對社會亂象的描述，來證明《道德經》是戰國的作品（註十二），其實這是一個很危險的方法，因爲先秦經典被後起資料竄入的情況，幾乎無一或免，官制用語在《道德經》中既沒有關鍵的地位，所佔的比例也少，而所謂社會的亂象又是蠻主觀的，以此薄弱的證據，就要斷定它是戰國時代的作品，未免太過於大膽；再說，莊子的年代，最早不會先於公元前三七〇年，最晚不會後於公元前二七〇年，這在學界是沒有爭議的，而戰國的舞台，一般都是以公元前四〇三年三家分晉立為諸侯做序幕，甚至有學者主張應再回溯到公元前四七三年越王勾踐滅吳的次年起，以銜接春秋時代的結束（註十三），因此除非錢先生能再證明《道德經》不出現於公元前四七三年至三七〇年之間，否則只說它是戰國時代的作品，就斷定必在莊子之後，那也是不恰當的。

錢先生的理由還有許多是根據經典語彙的詮釋而來的，但我發現他的考據成果似乎也左右了他對《道德經》的印象，譬如他在〈老子雜辨〉中說：「著書談道，列名百家者，乃楚人詹何，而神其事者，則為晚周之小書俗說」（註十四），就表明了他的好惡，這個好惡對於他的詮釋立場而言，不能說沒有影響，錢先生最後的結論，認為「老子是一位精於打算的人」，「老子思想，最尚自然，但還是最功利，最寬慈，但還是最打算的。……他的心智表現，是最深沈，而又最簡約的」（註十五），誠良有以也，惟凡此亦非吾人所樂於接受的。

錢先生的道德文章是我平生敬重的，《先秦諸子繫年》一書，對於先秦典籍其人其書之校詮考定，有著輝煌的成就，早為國人所肯定而斐譽學界，《莊子纂箋》一書更有驅遣百家、錘鑪千載的工夫，其金針密意曾帶引我邁向莊子哲學的玄境，惟錢先生「莊前老後」之說以及對老子的評價卻一直是我耿耿於懷者。有關莊前老後的問題，還可以有更多的商榷，但本文重點不在這裡，所以暫予擱置。王師邦雄曾根據思想史的線索，推斷老子年代是在孔墨之後莊子之前，並肯定《道德經》是老子哲學的代表，老子乃是道家義理的奠基者（註十六），我認爲王老師持之有故，言之成理，他的意見是可以被坦然接受的，所以當我在討論「道」和「德」時，正本清源就不能不從老子說起。

從文獻看來，《道德經》裡面的「道」，不可否認的，具有著形而上學中第一因的性格，但誠如袁保新先生所說：

證諸文獻，我們發現老子所面對的時代是一個戰亂頻繁、人命飄搖、價值失序的時代，而如何在這動盪不安的時局裡澄清混亂的價值秩序，重返價值之源來支持生命的活動可大可久，也就是老子五千言所急待處理的問題，仔細檢閱《道德經》八十一章，幾乎有三分之二以上的篇幅在討論政治人生的問題，這使得我們有充分的理由相信老子的形上探索是基於強烈的實踐關懷而發。（註十七）

因此，《道德經》中做爲萬物生成之總原理的道，如果從實踐的層面看來，我們可以將它當做永恒絕對的理想，而爲人類價值朗現的終極歸趣；其次，道在老子思想中，絕對不是有意志、有威權的人格神，它主動地生畜衣養萬物但卻不爲主，換言之，道雖然是人類理想的最高標準，可是它絕不會命令也不可能強制人們朝著它的方向去努力，惟老子又認爲人類應該、而且是必然有能力去實現道的理想，那麼根據「萬有的一切都來自於道」這個前提，人類朗現價值的能力或本質必定也是來自於道，此外，這個能力或本質和道之間也要有共通的連續性，否則我們不能說這個能力或本質的展現就是絕對理想的步步達成。綜合以上的意思，如果我們把人類價值朗現的主觀能動性說做是「德」的話，那麼德就應當是客觀超越之道體的內在化了（註十八），且此一內在的德既然能與超越的道相通而具有向理想靠攏的性格，那麼它又應該是超越的；道與德之間，像這種既超越而可以內在、既內在而又是超越的相容關係，事實上就是中國儒道思想的一大特色。

超越的道內在於人，以做為人類生活實踐與精神修養的依據或能力，那就是德；分解地說，道是超越的理想，德是內在的依據，此外，道有存有論中第一因之意義，德則偏重人格修養的價值論意義。但繼承老子思想而來的莊子，卻完全把道的超越意義，完全圍繞在人的主觀心境上來談，在莊書內七篇中被提及的「道」，似乎就只有〈大宗師〉「夫道有情有信」（六／二九）那一段具有客觀實有的超越意義，王師邦雄說：

> 莊子最大的學術性格，就是把老子的道，完全吸納到我們生命中；整個把道家的道、道家的理想、道的無限性，完全化入我們的生命流行中，在我們的生命人格中，去開展出來、實現出來，所以他是把道吸納入生命中。……莊子講天人、聖人、神人、至人、眞人，都講人，天落在人的身上，所以道家的道內在化就是莊子。（註十九）

證之以內篇文獻，王老師的看法絕對是客觀公允的，而莊子這種繼承方式，無論你讚美他是充分豁顯老子之境界型態的形上學也罷，或者你批評他是漏掉了老子的形上精蘊也罷，在生命哲學方面，莊子和老子應該都是同路人，因爲他們都同樣在強調著「無執無私」的智慧。

不過，既然老子的道完全被莊子吸納到人的生命中來關懷，那麼在語意的表達上，莊子免不了要特別重視「德」；我並沒有說莊子就比老子更重視人的生命意義，但是在語意表達上，老子因爲有一個道代表著超越的理想，所以「道」很容易被凸顯，而在莊子，因爲他認定德的充其極朗現就是道，所以有時候他光說一個「德」就能代表道，譬如〈德充符〉說「德者成和之脩也」（五／四七）就是最好的例子，而「全德」就在這個氣氛下，也被第一次提出了。

道之內在於人以做爲人的修行依據謂之德，道是眞實無妄的，故德必然也是眞實無妄者，從這個地方我們可以說人的眞實自我是天眞本德，而所謂德之充其極朗現，事實上就是在朗現道的眞實無妄，換言之，德之全盡就是眞的長保，因此全德之人也就是眞人。莊子在〈大宗師〉中一直在講眞人，在〈德充符〉中則一直在講全德之人，顯然「德」和「眞」在他看來是同一的，如果說「全德」是指超越理想的充極實現、價值人格的圓滿達成的話，體眞、證眞或葆眞當然也可以用來表示生命圓境的證成。有關「德」與「眞」在老莊思想中的意義，以及它們之間的密切關係，在第二章中，我會再依據文獻詳細探討，在這裡要事先指出的是，《道德經》中老子是用道和德做訴求，他體道證德的理想我們可以稱之爲「返樸抱一」，而內七篇主要是凸顯德與眞，所以老子的「返樸抱一」到了莊子就應當改口稱之爲「全德葆眞」。

老實說，「返樸抱一」與「全德葆眞」的智慧理想本來就是一致的，只因爲作者語彙習慣的差異，才產生了文字表象的不同。在本論文中，我將以「返樸抱一」及「全德葆眞」爲標準，對莊書外雜篇的生命哲學做一番詮詁，我期待透過檢索與比對，能爲莊書外雜篇尋求一個定位。

【註釋】

註　一：郭象之說，今國內郭象注本不及見，惟見於日本高山寺卷子本後序，文中所引，係轉錄自黃錦鋐先生《新譯莊子讀本》頁四九，（台北三民，一九七四），原文之訛誤，亦參照黃先生之意見校正之。

註　二：蘇東坡於〈莊子祠堂記〉中說：「余以爲莊子蓋助孔子者，要不可以爲法耳。……莊子之言皆實予而文不予，陽擠而陰助之，其正言蓋無幾，至於詆訿孔子，未嘗不微見其意。……然余嘗疑盜跖、漁父若眞詆孔子者，至於讓王、說劍皆淺陋不入於道。」文見《蘇東坡全集》上冊頁三九一至三九二。台北河洛景本，一九八〇。

註　三：見釋德清《莊子內篇注》卷一頁一至二。台北廣文景本，一九七三。

註　四：此是大多數學者之看法，然亦有持不同之意見者，如任繼愈先生認爲內篇晚於外雜篇，外雜篇方是莊子所作，劉建國先生認爲內篇有獨立意義的標題，可能是莊子晚年的自己作品，外雜篇多取篇首幾個字作標題，又是記錄體，既是莊子早期作品，又有弟子竄入者，任先生之說參見氏編《中國哲學發展史・先秦》頁三八六（北京人民出版社，一九八三），劉先生之意見載於氏著《中國哲學史史料學概要》上冊頁一七二至一七三，吉林人民出版社，一九八三。

註　五：王師邦雄頗能謹守此一立言分際，他最重要的兩篇論莊子的文章：〈莊子其人其書及其思想〉和〈莊子哲學的生命精神〉，就完全依內七篇發議論，此從這兩篇文章後面的註腳即可一目了然，參見王師邦雄《中國哲學論集》頁一〇三至一〇六及頁二三二至二三三；台北學生，一九八三。

註　六：如唐君毅先生《中國哲學原論・原道篇卷一》（香港新亞，一九七三）第十、十一章先論內篇至人神人眞人之道，第十二章則綜述外雜篇之義，又如劉笑敢先生《莊子哲學及其演變》（北京中國社科院，一九八七）於中編據內篇論述莊子哲學，於後編據外雜篇論述莊學演變，皆爲其例。

註　七：宋朝道士褚伯秀輯郭象、呂惠卿、林疑獨等十數家注莊之作，並以「管見」之名將己意附之最後，成《南華眞經義海纂微》一〇六卷，可謂集宋代注莊之大成，明朝焦竑之《莊子翼》八卷即以此爲濫觴，文中所引，係褚伯秀之「管見」，亦見於焦竑《莊子翼》頁八四；台北廣文景本，一九七九。

註　八：見林雲銘《莊子因・總論》頁一；台北廣文景本，一九六八。

註　九：見王船山《莊子解》頁七六及頁一九六；台北河洛景本，一九七四。

註一〇：錢穆先生莊前老後之論證，參見《先秦諸子繫年》之〈老子雜辨〉（台北東大新版，一九八六），以及《莊老通辨》之〈關於老子成書年代之一種考察〉、〈再論老子成書年代〉、〈三論老子成書年代〉、〈老子書晚出補證〉（台北東大新版，一九九一）；唐端正先生的論證，參見《先秦諸子論叢》之〈論莊子之無爲與老子之爲無爲〉（台北東大，一九八五）。

註十一：參見《先秦諸子繫年》頁二二一至二二四。

註十二：參見《莊老通辨》頁六一至八〇。
註十三：參見雷伯倫先生《中國文化與中國的兵》頁一七七至一七九；台北萬年青，一九七一。
註十四：《先秦諸子繫年》頁二二一。
註十五：錢穆先生《中國思想史》頁七六和七八；台北學生，一九八八。
註十六：參見王師邦雄《老子的哲學》頁三五至四三；台北東大，一九八〇。
註十七：袁保新先生〈存有與道──亞里斯多德與老子形上學之比較〉，《鵝湖學誌》第四期頁二七；台北文津，一九九〇、六。
註十八：事實上老子就是把道之內在化稱做德，其論證過程，我在第二章會做交代。
註十九：王師邦雄〈走進莊子之學的門徑〉，《鵝湖月刊》第一三六期頁二一；台北鵝湖，一九八六、十。

第二章 老莊哲學的生命關懷與圓融理境

前言

儒道兩家都重生命的反省，都是以「生命」爲中心，用存在的、體證的、反求諸己的態度，展開他們的教訓、智慧、學問與修行，其最終理想則在圓現生命意義，以證成「範圍天地之化而不過，曲成萬物而不遺」（儒家），或「天地與我並生，萬物與我合一」（道家）的最高境界（註一），此一價値理想的實踐歷程，按照《道德經》的講法，就是「滌除玄覽」、「致虛極，守靜篤」，以「復歸於無物」、「復歸於嬰兒」、「復歸於無極」、「復歸其明」（註二）的修養過程。

老子認爲：人心陷溺在名膠利漆中而糾葛纏繞、冥頑固陋，就是理想的泯滅；自我執迷於有爲妄作上而逞強夸奢、驕慢怠傲，就是價値的失落。他要人通過生命的反省與心知的批判，讓自己從陷溺中超拔，由執迷中甦醒，以拾回失落的價値，復原泯滅的理想，而重新體現道德的完美，再度展露天地的和諧；因《道德經》曾說：「聖人抱一爲天下式」（二二章）和「常德乃足，復歸於樸」（二八章），所以我們就稱老子生命關懷的最高境界是「返樸抱一」。

老子「返樸抱一」的實踐理想完全被莊子所承繼。所謂「返樸抱一」，從莊子的立場講，就是修養自己，使自己能擺脫習氣官能的驅使、人爲世法的籠絡與俗知鄙見的障蔽，讓生命在逍遙無待中，以絕對的寬容去接納天地萬物，而証成眞人、至人、神人或全德之人的無上境界；由於內七篇中德和眞的用法比較突出，所以老子的「返樸抱一」到了莊子就成爲「全德葆眞」；「全德」者，就是要把生命之德，就其原來面目，纖悉無遺的如如朗現，「葆眞」就是要守住人的「眞宰」、「靈府」（二／十五；五／四五），使能虛明清靜、與物宛轉而動靜無過，然而，究其實，全德即是葆眞，葆眞就是全德，工夫與境界都無二致。

「返樸抱一」和「全德葆眞」在老莊而言，無疑是生命人格的返本歸位與超拔昂揚（註三），就形式來說，它是以天和人爲架構，從天人對揚辨証發展到天人合德（註四）。原來精神的開顯揚昇，通常都得經歷對立與反省的過程，此在儒家如此，老莊更不例外。《道德經》中到處充斥著對立性與否定性的語詞，証明了老子哲學中具有濃厚批判精神，但老子批判的目的不是爲了純然的否定，而是要辨証的超越（註五），它是融通淘汰、蕩相遣執的作用，最後歸趣則是在成全，所以《道德經》又要說「正言若反」（七八章）。莊子也一樣，莊子曾形容眞人是「不以心捐道，不以人助天」（六／九）；且眞人之所以能爲「萬物之化」（四／三三），是因爲他「順物自然而無容私焉」、「無門無毒，一宅而寓於不得已」（七／十一；四／三〇），而這是先要經過「離形去知」（六／九二）的反省與批判才會出現的，如果沒有「心齋」和「坐忘」（四／二六；六／九二），眞人將不可能「虛室生白，吉祥止止」（四／三二）。

由於「返樸抱一」與「全德葆眞」是道家生命境界的終極完成，也是生命主體（註六）的充其極朗現，所以本章將以老莊思想中，關於生命實踐之依據與價值朗現之內在可能性等哲理義蘊的探討，做爲整個敍述的起點。

第一節　無爲無執離形去知的常德眞心論

壹、老子常德論的詁権

在儒道兩家共有的「本體論也同時是價值論」（註七）的哲學思考中，凡內在之價值主體，其充其極實現，必能峻極於天，與道冥合，而眞切地保住天地萬物；同時，凡超越之天命道體，其神化妙用之無遠弗屆，亦必能內在於人，而爲人生命之本德與理想之歸趣。換言之，內在的主體和超越的道體之間，存在著必然的連續關係，是爲他們的共法，這種關係我們就稱它爲「既超越又內在」、「既內在又超越」的關係。在《道德經》中，「衣養萬物而不爲主」（三四章）、「無親（而）常與善人」（七九章）的天道，和聖人「輔萬物之自然而不敢爲」（六四章）、「執左契而不責於人」的玄德之間，亦屬於此關係。在當今學界裡面，有關《道德經》中「道」概念的詮釋，「客觀實有」與「主觀境界」的不同意見，可以說壁壘分明（註八），但是「道」被認爲具有存有論的地位，富超越之性格，那是雙方一致的（註九）。如果「道」是超越乎萬有之上，並爲萬有生成之依據的話，那麼「德」就應該是道之內在於人的生命中，而爲人實踐理想之轅楫與依歸（註一〇），今既以主體論的探討爲內容，就先說《道德經》的「德」。

「德」被認定是「道」之內在化，一般的論證都是根據《韓非子．解老》及王弼的《老子注》（註十一），這固然是一種方法，但此等文獻都是後起的，如果我們能據《道德經》的內容以得出相同結論的話，那將更有說服力。事實上在《道德經》裡面，老子並沒有直接說「德」是「道」的內在化，但是在下列兩章經文中，卻透露出些許可靠的訊息：

載營魄抱一，能無離乎？專氣致柔，能嬰兒乎？滌除玄覽，能無疵乎？愛民治國，能無知乎？天門開闔，能無雌乎？明白四達，能無爲乎？生之畜之。生而不有，爲而不恃，長而不宰，是謂玄德。（十章）

道生之，德畜之，物形之，勢成之，是以萬物莫不尊道而貴德。道之尊，德之貴，夫莫之命而常自然，故道生之，德畜之，長之育之，亭之毒之，養之覆之，生而不有，爲而不恃，長而不宰，是謂玄德。（五一章）

很多學者支持馬敘倫先生的看法，認爲第十章從「生而不有」到「是謂玄德」等四句十六字，是第五一章誤植過去的，所以應該被刪除（註十二），但是蔣錫昌先生慧眼獨具，他在校詁五一章時說：「第十章『生而不有』四句爲聖人言，此就道言；文句相同，而其對象異也」（註十三），根據哲學的判斷，我覺得蔣錫昌先生比較有道理；這兩章的開頭不一樣，一章講聖人修行的極致，一章講天道全體之大用，最後卻都歸諸於玄德，正可以說明內在主體與超越道體的連續性。惟內在主體是否就是「德」，此處只是片言孤證，光憑這兩章的比對，仍不能武斷地決定，而且「德」從以上的比對中，我們也發現它在文獻裡面會有不同的指涉：「德」有可能是道之德，也有可能是人之德。雖然說這兩者在義理的本質上可以相通，但畢竟有其立言之分際，不可任意混漫，所以當我們在探討「德」是不是能夠成爲《道德經》對主體的規定時，除了還需要其他的証據外，於材料的選擇也應該更加小心。

爲了確定「德」是人內在的眞正主體，我們仍須有其他文獻的支持，而對《道德經》而言這不是困難的，下列幾章經文，就是我們有力的佐證：

孔德之容，惟道是從。（二一章）

知其雄，守其雌，爲天下谿；爲天下谿，常德不離，復歸於嬰兒。知其白，守其黑，爲天下式；爲天下式，常德不忒，復歸於無極。知其榮，守其辱，爲天下谷；爲天下谷，常德乃足，復歸於樸。（二八章）

聖人無常心，以百姓心爲心。善者吾善之，不善者吾亦善之，德善；信者吾信之，不信者吾亦信之，德信。（四九章）

修之於身，其德乃眞；修之於家，其德乃餘；修之於鄉，其德乃長；修之於國，其德乃豐；修之於天下，其德乃普。（五四章）

含德之厚，比於赤子。（五五章）

治人事天莫若嗇。夫唯嗇是謂早服；早服謂之重積德；重積德則無不克；無不克則莫知其極。（五九章）

古之善爲道者，非以明民，將以愚之。民之難治，以其智多，故以智治國，國之賊，不以智治國，國之福，知此兩者亦稽式，常知稽式，是謂玄德。（六五章）

這幾章所提到的孔德、玄德、常德或德信之德、含德之德，都是繫屬於人而說的。二一章的大部分文字是在形容道，但孔德卻不是指道之德，孔者，大也，空也，「其猶橐籥乎，虛而不屈，動而愈出」（五章）是大道之空德，「我獨泊兮其未兆，如嬰兒之未孩，儽儽兮若無所歸，衆人皆有餘而我獨若愚」（二〇章）是至人之空德，此至人之空德是道之內在於人，而爲人之本然面目的清虛自德，天道超越，人德內在，內在必以超越爲依歸，故曰「惟道是從」，若是道自身之玄德，則道即是德，德即是道，又何必多說個「從」字；二八章告訴我們，生命錘煉的目的，爲的是要保住生命常德的不離不忒，爲的是要復歸於無極的樸，三二章說：「道常無名樸」，可知樸也是道，若常德的永保就是復歸於樸，則證德就是體道，內在的德與超越的道必有其連續性；四九章言聖人絲毫沒有私見，他絕對開放、絕對容受，人惟如此，才能算是眞正見証既善且信的「德」，故聖人之德其實就是被充其極証成的德，德之全盡既爲人生命理想的徹底朗現，則德爲人之主體亦明矣；五四章強調，修德是人不可須臾或缺的生命實踐，並說德的成長豐富、普及於天下，就是身家鄉國天下的成全，則德與人生命主體之同一，不喻可知；五五章的赤子和第十章「專氣致柔，能嬰兒乎」、二〇章「我獨泊兮其未兆，如嬰兒之未孩」的嬰兒一樣，都是用來形容人修養的最高境界，此境界又以人內在之德的厚與不厚來分高低，則德當然就是人的主體了；此外，五九章以重積德爲成人成己之不二法門；六五章以治國爲背景，說明人對道的正確實踐其實就是履行自己的玄德。凡此，皆無一不在表示，「德」必然是人之求價值朗現的主體，其性格乃爲「既內在而又超越」，且與超越的道有連續之相關者。

「德」之做爲生命理想實踐的主體義既已確立，則若依老子「聖人抱一爲天下式。不自見故明，不自是故彰，不自伐故有功，不自矜故長」（二二章）之理論而言，其價眞朗現之自我完成的過程，就是以反省批判爲起點，拿消融、化解做利器，勇往直前，務求我私我執之淨盡，必至重現清平安寧的心中王國與山河大地而後止，此之謂「上德不德，是以有德」（三八章），此之謂「聖人處無爲之事，行不言之教，萬物作焉而辭，生而不有，爲而不恃，功成而弗居，夫唯弗居，是以不去」（二章）。

「德」在《道德經》中是用來表示人的生命主體，此乃確然無誤者，不過老子也留下一個有趣的問題等待後人去理解，那就是如果從人的結構來看的話，德是性呢？是心呢？或者是非心非性呢？還是是心也是性？徐復觀先生是認爲德是性，他說：

> 《老子》之所謂道與德，在內容上，雖不與《中庸》「天命之謂性」相同；但在形式的結構上，則與《中庸》「天命之謂性」無異。道等於《中庸》之所謂「天」；道分化而爲各物之德，亦等於天命流行而爲各物之性。（註十四）

又說：

> 《老子》雖然沒有性字，更沒有性善的觀念；但他所說的德，既等於後來所說的性；而德是道之一體，則他實際上也認爲人性是善的。（註十五）

徐先生既將「德」比對成《中庸》裡面的「性」，又說：「老子是把『德』與『心』，亦即是『性』與『心』，看作兩個不相容的東西」，「老子所要求的無知無欲，在最根本處，只是要求無知，而決不是對生理基本欲望的否定。儒家要求欲望應服從於由心性所透出的理性。老子則要求欲望不受心知的指使簸弄，而只以純生理的本能而存在」（註十六）。徐先生顯然斷定老子的修養工夫是「以性治心」，性是能治的主體，心是被治的對象，心性是二，但衡之《道德經》內容，這項結論卻未必無可議之處，例如：老子的「虛其心」（三章）、「常使民無知無欲」（同上），固然是主張消解心知的作用，但他也同時肯定知和、知常、知止、知足、自知、知稽式的知，是故，如果「知」完全屬於心的作用的話，則老子的「德」也有可能是一種超越乎執心、妄心之上的眞心、覺心；另外，老子在第四九章明言聖人不是沒有心，聖人只是沒有定執的常心，他還是有一顆「以百姓心爲心」的心，故曰「歙歙然爲天下渾其心」，而不曰「爲天下捨其心、絕其心」，第八章又說「心善淵」，第二〇章也說「我愚人之心也哉，沌沌兮」，是故，老子的體道證德，似乎也不是心性對決，而是心的調適上遂，則「德」更有可能是一種超越乎凡心、識心之上的眞心、覺心。復次，何謂「性」也需揀別。孟子主性善，並以「人皆有不忍人之心」爲証，顯然孟子的心是道德心，性是道德性，心性其實是一，而共爲人之主體，孟子又反對告子的「生之謂性」，孟子把一切天生的自然本能和感性欲求皆排除在「性」的範圍之外，只凸顯一個道德主體性，並以此主體性之能不能覺知力行來作爲人禽之辨、是非之辨的判準，老子的德是來之於道，它當然是天生，而合於「性」之部分意義，但老子不像孟子性命對揚（註十七）那樣，刻意要區分每個人與生俱有的稟賦機能中，那些才是能眞正做爲人之主體的道德創造性，那些只是以生理滿足爲訴求的動物性，老子是換一個角度來思考，他認爲清靜素樸才是萬物的眞正自我，故《道德經》說：「夫物芸芸，各復歸其根，歸根曰靜，是謂復命，復命曰常」（十六章），德之所以能做爲人的主體就是因爲它無爲無執、少私寡欲，代表人的本然純眞，德之全與不全就端看人是否走離天眞，是否陷溺於人爲妄作中而不知超拔，如果天眞已然被人爲妄作所介入，人已習於此妄作而不知省察，則將有「不道早已」（三〇章）之凶兆，故曰：「知常曰明，不知常，妄作，凶」（十六章），反過來看，若人類能夠淨化心靈而沒有人爲妄作，則一切的視聽食息永遠也都是常德之如如自存。老子說：「五色令人目盲，五音令人耳聾，五味令人口爽，馳騁田獵令人心發狂」（十二章），沈迷於五色、五音、五味、馳騁田獵中，讓心口耳目任其牽引佚蕩，是之謂離德，是之謂妄作；若能消解這些造作，使目歸其明，耳歸其聰，口歸其審，心歸其靜，則心口耳目就無一不是常德的復還與再現，那豈必又在乎大體小體之斤斤計較呢？

總而言之，在老子的思考中，德並沒有超絕於一切官能之上，不管是耳目之官或者是心之官，它們的原本面目都是素樸天眞，它們的本然都是「德」，如果說德就是性的話，那麼所有的天賦條件，包括生理機能等，只要沒有人工污染，全部都是性，這是合乎「生之謂性」（凡天生自然的就是性）的古老傳統，而對性的認取不做差別規定，並能予以同情肯定之圓融態度，其最嚴肅的意義是，為人間所失落的價值，提供了一個全向度的回歸路數。徐先生說老子的德就是性，他的意思如果是說「德」超越乎心知之上，這當然沒有錯，但如果把心和性想成勢不兩立，或認為德是超絕於心知之上，心與性互不相容的話，那恐怕是不合乎老子原意的了。

《道德經》中，德之做為人之內在主體，其義蘊已揭發如前，則依吾人之了解，說它是心亦可，說它是性亦可，說它非心非性或即心即性亦無不可，它是超越乎心知定著之上的無執道心，也是超越乎官能執取之上的無為真性，但它的工夫卻只是消融化解而不是承當決定，它的目的也只是放任逍遙而不是裁成輔相，它能一一點化成全萬物，讓萬物從僵化、扭曲中重新甦醒過來，但它不會替萬物化裝，它是「無」，是「無之以為用」的無（十一章），它不能被「有之以為利」（同前）所限定，一限定它就從「樸」散落為「器」，它也不能被「名」所制約，它是不可名的「常名」，我們認為它是主體，是就它乃人的真實自我而立言，但此真實自我永遠要從無的作用與無的境界來豁顯，換句話說，「德」是以消融來代替創生，「德」之做為生命主體並不是能人文化成於天下的主體，如儒家之自明誠的道德創造主體一般，所以認真講起來，它最恰當的稱呼應該是「無體之體」，牟宗三先生形容它是「沖虛之玄德」，殼得是曲盡其妙了。

貳、莊子眞心論的詮定

繼承老子「德」的觀念，著眼於人的心知定著，希望通過對心知定著的批判反省，凸顯人之超越於心知定著之上的眞心，以成全人的眞正自我，是莊子在內七篇的一貫主張。莊子相信，「乘天地之正，而御六氣之辯，以遊無窮者」（一／二一）是人生最大的喜樂，然而在「與接爲構，日以心鬥」（二／十）的惴惴縵縵中，人是不可能達到此境界的，所以如何洗心淨心，把心從紛擾迷走中釋放出來，就成了他整個生命關懷的焦點，支道林說：「夫逍遙者，明至人之心也」（註十八），衡之南華內七篇，應該是相應的（註十九）。

在內七篇中，除〈養生主〉外，篇篇都提到心，然〈養生主〉中有「官知止而神欲行」（三／六）、「安時而處順，哀樂不能入也」（三／十八）的敘述，則〈養生主〉亦未嘗不言心也，今且試據〈養生主〉以外之六篇文獻，董理出莊子以心爲眞之主體論觀念。

所謂莊子以心爲眞之主體論觀念，更眞切地講，就是拿本質是「無」（「無之以爲用」的無）、全幅只是蕩相遣執、融通淘汰之作用的眞心，做爲人的生命主體；莊子說：「至人之用心若鏡，不將不迎，應而不藏，故能勝物而不傷」（七／三二至三三），就是眞心主體的直接定義。在《道德經》中，老子反省到會引起競求、計較的心知（即不能知足之「知」），是一切人爲妄作的發動機，也是造成天下惶惶不安的始作俑者（四六章曰：「禍莫大於不知足，咎莫大於欲得」），南華七篇裡面，莊子更是扣緊此義去大作文章，他在〈逍遙遊〉裡面就首先表示，人之所以有那麼多的牽腸掛肚，就是心充滿著成規成套的考慮，這些考慮有如蓬草一般，把心的靈通堵住了，以致於人不能遊於「無何有之鄉，廣漠之野」（一／四六）；〈齊物論〉中他又表示，人與人之所以會有「儒墨之是非」的囂囂攘攘，是由於「道隱於小成，言隱於榮華」（二／二五；二六），而這些弊端的產生，追根究柢亦不外乎思慮營謀的成心在作祟，甚者，成心的作祟不只是帶來是非，而且帶來人情緒上的反反複複，使人在「喜怒哀樂慮歎變慹姚佚啓態」（二／十四）的頭出頭沒中，「薾然疲役而不知其所歸」（二／十九）；〈人間世〉也提到：「德」之所以會放蕩，乃由於人對虛名的執著而引起傾軋，一切的心知都是產生爭端的凶器，而人世間之所以會有那麼多難以化解的障礙，則是緣乎師心之固結，再者，凡人都難免會感受到陰陽之患與人道之患的威脅，那也是因爲心不能忘懷對生的迷戀與對死的恐懼所致，此外，心還會受別人言語或行爲的挑撥，而生厲、生怒、生不肖，給原本就已經動盪不安的世界，再度牽動風波；〈德充符〉則指出，人之所以會外其神、勞其精，之所以會以好惡內傷其身，是因爲心知作孽，自己作繭來束縛自己，而絕棄天養所造成的。總之，莊子是深切體會到「心知」給人間惹來太多的災害，所以他念茲在茲的，就是應當如何消融、超越心知，以建立人我眞正的和諧。

在常人的想法中，心會有知的功能，那是天經地義的，而心知的功能也未必全部都是負面的，莊子在這裡也不例外，他在〈大宗師〉中就提到「眞知」（六／四），可見他畢竟不反對心當會有知，他只反對那些只知執取自我、競於計較營求的妄知，是者，莊子之所謂「心齋」（四／二六），正是淨除心知定執的修養工夫，此一工夫是要解放「心」的桎梏，昇華「心」的靈動，而不是要消滅心知的一切作用，讓心變成土石一般。今試看莊子怎麼說「心齋」：「若一志。無聽之以耳，而聽之以心；無聽之以心，而聽之以氣。聽止於耳，心止於符，氣也者虛而待物者也。唯道集虛，虛者心齋也。」（四／二六至二八）一志是心志不紛擾，心志不紛擾猶然心齋，那是無執無欲的靈通狀態，故曰虛而待物，其不同於土石不言而喻；然又如何心齋、如何一志呢？工夫就在「無聽之以耳」、「無聽之以心」，耳是形，心有知，則「離形去知」（六／九二）正是莊子勇猛精進處，惟離形不是斷滅種姓，而是超越乎形軀官能之封限；去知不是絕棄思惟，而是超越乎心知計較之分別；故離形而形全，去知而知眞，形全知眞就是大宗師，就是眞人。〈大宗師〉又說：

> 古之眞人，不逆寡，不雄成，不謨士。若然者，過而弗悔，當而不自得也。若然者，登高不慄，入水不濡，入火不熱，是知之能登假於道者也若此。古之眞人，其寢不夢，其覺無憂，其食不甘，其息深深。眞人之息以踵，眾人之息以喉。屈服者，其嗌言若哇，其耆欲深者，其天機淺。古之眞人，不知悅生，不知惡死，其出不訢，其入不距，翛然而往，翛然而來而已矣。不忘其所始，不求其所終；受而喜之，忘而復之；是之謂不以心捐道，不以人助天，是之謂眞人。若然者，其心志，其容寂，其顙頯，淒然似秋，煖然似春，喜怒通四時，與物有宜，而末知其極。（六／四至十一）

從以上一段話讀來，可知眞人也是人，他有知，有生死，有欲望，有喜怒，也有寢覺食息，但眞人之所以是眞人，就在他能超越知的計較，而不被知所迷惑；他能超越生死的喜惡，而不受生死困限；他能超越欲望的競求，而不受欲望擺布；他能超越情緒的紛馳，而不受情緒牽引；惟其如此，所以能開適自在而與物共飲太和。生死的喜惡、欲望的競求、情緒的紛馳這些都是黏著於形的有限性而後有，知的計較則是固執於心的封閉性才發生，超克形的有限性與心的封閉性就是「墮肢體，黜聰明」（六／九二），此猶如老子所說的「致虛極，守靜篤」（十六章）、「損之又損以至於無爲」（四八章），莊子則說是「離形去知」或「坐忘」（六／九二），通過「坐忘」，就可以「同於大通」（六／九二），「同於大通」即是逍遙遊的至人，即是德充符的全德之人。〈大宗師〉又說：

> 彼以生爲附贅懸疣，以死爲決疣潰癰，夫若然者，又惡知死生先後之所在。假於異物，託於同體，忘其肝膽，遺其耳目，反覆終始，不知端倪；芒然徬徨乎塵垢之外，逍遙乎無爲之業。（六／六八至七〇）

這又是「離形去知，同於大通」的另一種具體表達；肝膽耳目都是形，凡形皆有生死，人生最大的無明就是以心知去泥著形之生死得失，殊不知，形都只是載具而已，若每個人念念不忘於載具，時時惦掛著形軀，則人生反成了載具的囚犯，又有什麼價值與快樂可言？若欲戡破迷妄，樂登衽席，就必得超越載具形軀的執著才有可能；換言之，人一定要忘、要遺，一定要放開「死生先後之所在」的計較分別，才能自解於倒懸。

從上所述，可証「離形去知」之「坐忘」工夫，即是莊子體証眞人境界的充要條件，莊子又說：

「有眞人而後有眞知」（六／四），眞知當然是來自於「眞心」，是者，眞人之所以爲「眞人」乃由於有「眞心」的緣故，「眞心」必爲人眞正之主體者，而離形去知仍不外乎蕩相遣執、融通淘汰的作用，故莊子的眞心也可以稱爲無執的心。底下我們再來探討：爲什麼莊子要把離形和去知合在一起處理？原來莊子認爲形軀是人所不能或免的，形軀包括四體百骸及眼耳鼻口等，它也可以視作一切生理官能的總機括；這機括促使人有求食、求偶、求生存的活動，使人能達到延續生命、繁衍種族的目的，但麻煩的是，心有知的作用，一落在形骸，難免要和官能知覺互相推波助瀾，結果是形因知的介入而佚蕩，知也因形的鼓動而迷失，「勞形」和「怵心」（七／十三）就互爲因果，它們如兩束草相依不倒一樣，一起把人帶入「薾然疲役而不知其所歸」（二／十九）的悲慘困境，莊子說：「其形化，其心與之然，可不謂大哀乎」（二／二〇），指的就是此等情況，其之所以會一起提離形和去知，原因亦在於此，而究其實，離形是在去知中離形，去知是在離形中去知，兩者是無法以時間或步驟的前後來畫分的。

通過「離形去知」而體現眞人境界，此又可以名之爲見証主體；〈德充符〉說：「死生亦大矣，而不得與之變；雖天地覆墜，亦將不與之遺；審乎無假，而不與物遷；命物之化，而守其宗也」（五／五至六），這當然又是對眞人的描述；「審乎無假」，就是認定眞宰；「守其宗」就是永保常德；眞宰常德乃人之眞實自我（註二〇），眞人就是能眞切實踐與証明此眞宰常德，而圓現生命之最高意義者，故曰：「見証主體」。主體之見証就是「不與物遷」、「命物之化」，錢穆先生認爲「不與物遷」和「命物之化」都是順其自然的意思（註二一），莊子曾形容聖人是「有人之形，無人之情」（五／五四），並解釋無情是「不以好惡內傷其身，常因自然而不益生也」（五／五七至五八），故錢先生不誤也；主體的充其極證成，只是順物之自然，則莊子的主體正是和老子的「德」一樣，乃全幅是消融之作用，而不能做其他任何規定的「無體之體」。

說莊子的生命主體是無體之體，此又可以下列兩段文獻來佐証，〈德充符〉說：「死生存亡、窮達貧富、賢與不肖、飢渴寒暑，是事之變命之行也；日夜相代乎前，而知不能規乎其始者也，故不足以滑和，不可入於靈府，使之和豫通而不失於悅，使日夜無郤，而與物爲春，是接而生時於心者也，是之謂才全」（五／四三至四六），「才全」也是生命意義的圓現，莊子對它的敘述仍集中在靈府不受撓動以及長保與物之融通等。另外〈大宗師〉提到聖人之道是：「其爲物無不將也，無不迎也，無不毀也，無不成也，其名爲攖寧，攖寧也者，攖而後成者也」（六／四二至四三），正是說明做爲聖人內在修養的寧靜心靈，其不迎不懼不毀不成，乃是在萬物的撓動中不與物隔逆而修得之安寧也，郭象說是：「任其自將，故無不將；任其自迎，故無不迎；任其自毀，故無不毀；任其自成，故無不成。夫與物冥者，物縈亦縈，而未始不寧也」（註二二），是者，聖人之不與物隔逆，亦只是無私無我、任其自然而已矣。「靈府」與「攖寧」從上下文的脈絡中去探尋，我們可以確定，那是莊子對眞實之自我所做的不同稱呼，眞實之自我即是我所謂之生命主體，此主體皆須從操控把持、有爲有執的消解來詮定，故此主體之全體大用亦只是「與物冥而循大變」而已，則莊子之主體論觀念和老子同出一轍，誠信然矣。

第二節　反省批判同體肯定的體道證德論

壹、老子返樸抱一的生命理想

在前言中曾經提及，老莊生命理想之証成，是從天人對揚辨証發展到天人合德；天人對揚我又名之爲「天人的超越區分」（註二三），「天」在這個區分下具有超越義與理想義，祂可以是天道、天理，更重要的是祂也是眞心常德，相對於超越義與理想義的天，「人」指的是有限之形欲習氣與心識知見；「天人的超越區分」上下拉開了無執與有執的價値差距，造成一種緊張和衝突，一切的反省與批判就由此產生，當然所謂反省是用理想去反省現實，所謂批判是以天道常德去批判人欲偏見。經過了反省與批判，消除了人的無明，解放了人的執著，讓人既內在又超越之眞心常德如如朗現，以証成了即人即天、萬物一體的境界，是之謂天人合德、同體肯定。從天人的超越區分到辨証的融合，顯現了老莊生命哲學的本質，爲了眉目清晰起見，我們先來探討老子「返樸抱一」的生命理想，並具體批露其和諧化之要求的辨証過程。

「天」在中國哲學中，有許多不同的意義，但如果不考究祂在各家各派和各時代思想中的內容意義，只籠統歸納祂的形式意義的話，那麼中國古代哲學中的「天」，除物理的「天」、運命的「天」

和自然的「天」外，凡主宰的「天」與義理的「天」（註二四），姑不論是否具有人格意志，祂指的都是一超越、絕對、永恒、普遍的終極存在，且爲人類生命實踐的最終依歸和萬物存在的最高保證或最後裁判者，道家哲學中天人分合的「天」就是在這種意義下被肯定的，以莊子爲例，他屢言「天籟」、「天鈞」、「天府」、「天倪」（二／四；四〇；六一；九〇），並曾說：「是以聖人不由而造之以天」（二／二九）、「安排而去化，乃入於寥天一」（六／八二），都可以看出「天」在他思想中的超越義與理想義。然在《道德經》中，天的地位並不高於道，余雄（張岱年）先生說：

> 在老子以前，人們都以爲萬物之父即是天，天是生成一切物者，到了老子，乃求天之所由生。老子以爲有在天以前而爲天之根本者，即是道。道生於天地之先，爲一切之母。（註二五）

此言意在凸顯「道」於老子思想中的優位性，衡之經文，並非無據，但是在某些篇章中，《道德經》亦不乏天、道連用的例子，如：

> 功遂身退，天之道。（九章）
>
> 不出户，知天下；不闚牖，見天道。（四七章）
>
> 天之道，不爭而善勝，不言而善應，不召而自來，繟然而善謀。（七三章）
>
> 天之道，損有餘而補不足；人之道則不然，損不足以奉有餘。（七七章）
>
> 天道無親，常與善人。（七九章）
>
> 天之道，利而不害；聖人之道，爲而不爭。（八一章）

顯然，在中國人敬天的傳統氣氛下，即使是刻意強調「道是宇宙之究竟本根」（註二六）的老子，仍不免要用天去形容道，傅佩榮先生說：

《老子》一書又名《道德經》，其中對「道」提出了新穎的解釋。我們不難發現老子想以「道」概念取代傳統的「天」概念，藉以顯示他對整個存在界的新的理解。「道」成爲統合萬有的終極概念，但是老子並未因而完全摒除「天」概念。古代中國的思想家對於源遠流長的「天」概念是不可能一筆抹煞的。（註二七）

傅先生對於《道德經》的詮釋，有自成一套的系統，吾人不必完全附和，但「天」概念並不因爲「道」概念的出現而被抹煞則是千眞萬確的，試看《道德經》七七章和八一章，不就是把「天」和「道」聯稱，並拿來跟「人」做比對，而直接表達了天人超越的區分與辨證融合的意義嗎？天人的超越區分，從生命理想來講是價值論意義的眞與妄之區分，區分的目的是爲了通過反省批判以尋求超脫解放，老子就在這裡展現了他迷人的丰彩，《道德經》中有許多這種區分性的對句，如：

道可道，非常道；名可名，非常名。（首章）

知人者智，自知者明；勝人者有力，自勝者強；知足者富，強行者有志。（三三章）

上德不德，是以有德；下德不失德，是以無德。（三八章）

爲學日益，爲道日損。（四八章）

塞其兌，閉其門，終身不勤；開其兌，濟其事，終身不救。（五二章）

知者不言，言者不知。（五五章）

知不知，上；不知知，病。（七一章）

信言不美，美言不信；善者不辨，辨者不善；知者不博，博者不知。（八一章）

這些對句都不是純知識性的告白，而是與人的行為實踐、生命自覺相關連，它的作用，一方面在彰顯天道乃永恒普遍、非人為的名言概念所能詮定者，另一方面在提醒人，道的實現不在積學累智，不在外逐競求，甚且認為人若執迷於世智辯聰，與物相刃相靡，則將「其出彌遠，其知彌少」（四七章），人惟有反求諸己，省察批判，努力扭轉躁進妄動的生命，才能如浴火鳳凰般，再獲重生。

這些對句又都出現否定詞或否定性動詞，這些詞就是道家批判精神的表徵，《道德經》是一部充滿著生命批判的作品，雖短短五千言，批判性否定詞卻到處充斥，信手拈來，就有：無為、無私、無知、無執、無身、無欲、不爭、不欲、不積、不學、不自見、不自為主、去甚、去奢、去泰、絕聖棄智、絕仁棄義、絕學無憂、損之又損……等，此等代表批判精神的否定詞或否定性動詞，依據《道德經．十一章》「無之以為用」的講法，我們可以將它們濃縮成一個「無」字，也就是說，《道德經》中所念茲在茲的批判與反省的工夫，可總稱之為「無」的工夫。

功夫意義的「無」，首先做動詞看，是無掉或除去等意思，這和「亡」的本義很接近（註二八），道家所謂「無」的工夫，就是要把個人生命或社會族群中，那些虛偽狡詐、干涉操控等違背自然的負面成分，徹徹底底地消融掉，讓心靈回復原來的虛靜清明，牟宗三先生在此有一甚諦當之詮釋，他說：

老子之道，本是由遮而顯，故況之曰「無」。他首先見到人間之大弊在有爲，在造作，在干涉，在騷擾，在亂出主意，在亂動手腳，故有適、有莫、有主、有宰，故虛妄盤結，觸途成滯。其弊總在「有爲」、「有執」也，故二十九章：「爲者敗之，執者失之」。注云（按牟先生指王弼注）：「萬物以自然爲性，故可因而不可爲也，可通而不可執也。物有常性，而造爲之，故必敗也。物有往來，而執之，故必失矣」。而六十四章則云：「爲者敗之，執者失之。是以聖人無爲，故無敗，無執，故無失」。是故遮者即遮此爲與執也。「無」先做動詞看，則無者即無此爲與執也。無爲無執，無適無莫，無主無宰，則暢通矣。（暢通即萬物自定自化，自生自成）。由此諸動詞之無所顯之沖虛玄德之境即曰道，曰自然，而亦可即以名詞之「無」稱之。依道家，此沖虛玄德之「無」，不能再自正面表示之以是什麼，即不能再實之某物。如實之以上帝，或實之以仁，皆非老子之所欲也。他以爲道只由遮所顯之「無」來了解即已定。外此不能有所說，亦不必有所說。說之，即是有爲有造。（註二九）

無的工夫是生命實踐中，蕩相遣執、融通淘汰的工夫，工夫的極致，老子形容它是「損之又損以至於無爲」（四八章），無爲乃是一清虛自然的境界，這種境界由於沒有種種人爲塵垢之遮蔽，能完全通體透明，如光天霽月般清輝流佈，所以必定和天地萬物無障無隔而共飲太和，換言之，這種無的境界不但使人保住了自己，也爲天地萬物的如如存在提供了絕對的保證，因此它其實是「無爲而無不爲」（四八章）的；若分析的講，無爲是體，無不爲是用，無不爲要以無爲爲依據，惟體必有用，用不能離體，故單提一個「無」，義亦無妨，然無論如何，一定是要先無爲，然後才能無不爲的，故老子說：

天長地久。天地所以能長且久者，以其不自生，故能長生。是以聖人後其身而身先，外其身而身存。非以其無私邪？故能成其私。（七章）

致虛極，守靜篤，萬物並作，吾以觀復，夫物芸芸，各復歸其根，歸根曰靜，是謂復命，復命曰常，知常曰明，不知常，妄作，凶。知常容，容乃公，公乃王，王乃天，天乃道，沒身不殆。（十六章）

以無爲的工夫，證成無爲而無不爲的境界，一言以蔽之，就是在「反反以顯眞」。反反工夫中，第一個反字是否定性動詞，即絕之棄之，或損之又損的作用；第二個反字是名詞，泛指一切違反生命本眞，屬人爲造作之妄知、虛情和假意。反反就是要化掉這些渣滓以純淨化自己，而讓自己回歸天德，與道同一；天德的回歸就是即天即人的辨證融合，在此一融合下，物物皆是一目的，皆可暢其生、遂其德，則原來所謂「反反」正只是「去病不去法」的意義治療而已，它是要融遥淘汰，作用地保住群生，絕非粉碎山河、湮滅乾坤的霹靂手段，王弼曾說：「老子之書，其幾乎可一言而蔽之，噫！崇本息末而已矣」（註三〇），又說：「絕聖而後聖功全，棄仁而後仁德厚」（註三一），揆之老子：「天下有始，以爲天下母，既得其母，以知其子，既知其子，復守其母，沒身不殆」（五二章）與「正言若反」（七八章）之自況，王弼可謂是道家圓教的千古解人了，而此圓教之圓，就圓在它的「天人辨證的融合」，此一融合亦即是天德之全盡與性眞之長保。

貳、莊子全德葆眞的人格實現

老子之後有莊子，猶如孔子之後有孟子，陸象山說：「夫子以仁發明斯道，其言渾無罅縫。孟子十字打開，更無隱遁，蓋時不同也」（註三二），而莊子則是以他透脫的智慧，將老子所開顯的義理，進一步朗現。雖然《道德經》五千文，沈潛堅實，言簡意贍，內七篇則連環迴扣，芒忽恣縱，諔詭可觀；雖然老子既說「無」復說「有」，最後又說正言若反而歸諸於玄，重辨證之超越，多分析批判，莊子則天人相忘，「其好之也一，其弗好之也一；其一也一，其不一也一」（六／十九至二〇），現跡冥之圓融。但是，無論如何，天人分合的辨證觀以及從無爲的工夫極成無爲無不爲的境界，則是同出一轍的；莊子在〈大宗師〉裏面藉顏回之口說：「墮肢體，黜聰明，離形去知，同於大通」（六／九二至九三），又在〈應帝王〉中直接宣示：「無爲名尸，無爲謀府，無爲事任，無爲知主，體盡無窮，而遊無朕；盡其所受乎天，而無見得，亦虛而已。至人之用心若鏡，不將不迎，應而不藏，故能勝物而不傷」（七／三一至三三），凡精熟《道德經》者，一看到這些話，當可相視而笑，莫逆於心，而慶幸老子哲學得以薪火相傳。其實，莊子雖多詼諧之言，卻是「言有宗，事有君」（七〇章）的，今試以〈逍遙遊〉、〈齊物論〉兩篇旨趣，及〈養生主〉庖丁解牛、〈應帝王〉渾沌被鑿竅之故事說明之。先說〈逍遙遊〉：

逍遙遊是莊子的最高境界，它超越了宰官的知行德徵、宋榮子的清高自矜、列子的忘懷福樂，也超越了朝菌蟪蛄冥靈大椿的壽夭久暫，蜩鳩斥鴳冥鯤雲鵬的小大高低，而能乘天地之正，御六氣之辯，遨遊乎無窮，自足於無待，此又可名之曰：「至人無己，神人無功，聖人無名」的境界（一／二一至二二），總之是「無」的境界。欲證此境界，則端賴「化解」的作用——化掉心中之蓬草，使眞心虛靈無礙；化掉物用之執著與名位之迷戀，使生命開放無滯——總之是「無」的工夫。從「無」的工夫證成「無」的境界，完全是老子的義理特色。（註二三）

再說〈齊物論〉。〈齊物論〉一開始就說「吾喪我」，喪我就是「無」的工夫。〈齊物論〉又認爲，由於「道隱於小成，言隱於榮華，故有儒墨之是非」（二／二五至二六），有「大知閑閑，小知閒閒，大言炎炎，小言詹詹」（二／九至十）之差別，所以聖人不應該追逐是非大小，而要握道樞以應無窮；不應該就利違害、喜求緣道，而要和是非以休乎天鈞，俾使有封有畛、破裂虧損的道，復通爲一；這種「是非兩行」、「彼是莫得其偶」（二／三九；三〇）的應變手段，其實就是化掉黏滯、掙脫執著的方法，此方法亦即是「無」的工夫。復次，〈齊物論〉形容「道」是未始有封、未始有常，無成無毀、無虧無愛，它「注焉而不滿，酌焉而不竭」（二／六一），又如天籟般，能吹萬不同，使萬響皆有其自己而又不知怒者其誰；又形容體道證道的聖人是：不與物相刃相靡、行盡如馳，惟「置其滑涽，以隸相尊」、「參萬歲而一成純」（二／七七；七八），其和天倪而物化，故能「忘年忘義」（二／九二），而達成「天地與我並生，而萬物與我爲一」（二／五〇至五一）的境界。換言之，「

道」是「無」，境界也是「無」，此再加上前面已提到之工夫的「無」，則其與老子思想亦若合符節。（註三四）

其次我們來分析〈養生主〉篇中，庖丁解牛的故事所寓喻之精義。顯然庖丁在此寓言中，是眞人神人的象徵，牛則借代爲現實之人間世，其經絡筋脈間盤根錯節，正代表人世間種種計較利害所造成的情意糾結與血氣束縛，刀刃乃庖丁解牛之工具，那是衝決、斬斷一切葛藤纏繞的批判之刀，是經修養而來的工夫利器，也是聖人應物遊世之憑藉。故事一開頭，即敘述庖丁解牛的動作是：「手之所觸，肩之所倚，足之所履，膝之所踦，砉然嚮然，奏刀騞然，莫不中音，合於桑林之舞，乃中經首之會」（三／三至四）；這展露了一種無人無我、妙合天成的藝術化境；接著，當文惠君歎爲觀止之後，庖丁自我表白他操刀練刀的經過，原來庖丁剛初解牛時，也是像一般的屠夫那樣，提刀所見無非全牛者，那是一種物是物、我是我，相對相隔，無法聲氣通感的封閉性經驗，於是動起刀來不免有割有折，而必須年年月月更換新刀，其實這並非刀不好，而是用刀的人偏執自我，好勇逞強，不能委心任物所致，結果是刀壞了，人也傷了，當然受傷的不是形軀，而是天眞本德、生命主體，然而人是可以幡然來歸的，庖丁說他三年之後未嘗見全牛，正是人通過自我省察批判之後，精神境界向上翻轉的異質跳躍，此時因爲沒有心知定著，沒有情識欲求，完全是虛明靈台的任運獨化，所以能與物玄冥而循大變，正所謂：「官知止而神欲行，依乎天理，批大郤、導大窾，因其固然，技經肯綮之未嘗，而況大軱乎」（三／六至七），庖丁這時也體驗到，只要刀是虛的、是沒有厚度的，自自然地就可以在骨軔關節的空隙間，輕輕滑過，而原本盤根錯節、骨架堅硬的全牛當下即可謋然解體、如土委地，此正如聖人以清靜自守，無私無欲，無爲無執，則其應於化解於物，當下能使人間世轉化成心中的理想國也。事實上，莊子這段庖丁解牛的故事，是在爲〈養生主〉中第一節所提到的「緣督以爲經」（三／二）做證，王船山說：

身前之中脈曰任，身後之中脈曰督。督若居靜，而不倚於左右，有脈之位而無形質者也。緣督者，以清微纖妙之氣循虛而爲，止於所不可不行，而行自順以適得其中。（註三五）

此解甚諦當。督脈無形無質，故是虛之極；居靜而不倚於左右，故是靜之篤；依此虛極靜篤之督脈，氣可行止皆宜，無入而不自得，則督脈不就是象徵那以無爲體，而能生天生地的常道嗎？內在於人而言，不就是象徵那無爲而能無不爲的玄德嗎？這種說法如果沒有錯的話，那麼，緣督當然就是全德，就是葆眞，也就是「可以保身，可以全生，可以養親，可以盡年」（三／二）的大本大經了。

最後，看看渾沌鑿竅的故事。它是出現在〈應帝王〉的末尾，也是內七篇最後結束的部分，原文爲：

南海之帝爲儵，北海之帝爲忽，中央之帝爲渾沌。儵與忽時相與遇於渾沌之地，渾沌待之甚善。儵與忽謀報渾沌之德，曰：「人皆有七竅以視聽食息，此獨無有，嘗試鑿之。」日鑿一竅，七日而渾沌死。（七／三三至三五）

莊子七篇，以〈逍遙遊〉始，以〈應帝王〉終，正是說明至人之境界，上可峻極於天，至樂而無待，外可順應於王，至通而無礙，然其以渾沌之死做總結，乃是對生民之迷妄，常作繭自縛以自受其苦，表達了無限的悲情，善哉宣穎之言曰：「七日而渾沌死，莊子於此不勝大悲。」（註三六）不過，宣穎理解這一段故事，似乎只把它認做是執著於有爲的帝王對原始和諧所造成的傷害，他說：

天下一渾沌之天下也，古今一渾沌之古今也。今日立一法，明日設一政，機智豁盡，元氣消亡矣，從來帝王，除去幾人，其餘皆儵也，忽也，皆鑿渾沌之竅而致死者也。何以取名儵忽而言其鑿竅？帝王相禪，一事儵造而有，一事忽廢而無，數番因革之後，淳朴琢盡矣。（註三七）

宣穎也許受篇名應帝王的影響，所以比較關心政治干涉所帶來的人性扭曲，憨山大師則完全從人內在的修養層面來體會這段故事，他說：

此儵忽一章，不獨結應帝王一篇，其實總結內七篇之大意。前言逍遙，則總歸大宗師，前頻言小知傷生，養形而忘生之主，以物傷生，種種不得逍遙，皆知巧之過，蓋都爲鑿破渾沌，喪失天眞者，即古今宇宙兩間之人，自堯舜以來，未有一人而不是鑿破渾沌之人也，此特寓言，大地皆凡夫愚迷之人，概若此耳，以俗眼觀之，似乎不經，其實所言，無一字不是救世愍迷之心也，豈可以文字視之哉？讀者當見其心可也。（註三八）

憨山大師是出家人，他的學思背景，很自然地會引導他對渾沌鑿竅的情節做如此的詮釋，至於他和宣穎之間，孰高孰低？誰對誰錯？我想是沒有必要去爭論的，否則豈不是又多了一個鑿竅的莽漢出現？莊子說：「和之以是非而休乎天鈞，是之謂兩行」（二／三九至四〇），憨山大師和宣穎，一重主觀修養面，一重客觀防範面，雖立言分際各有不同，然理上並沒有差別，故當並行而無礙，底下權且就憨山大師的見解，再做進一步發揮。

在寓言中，渾沌爲中央之帝，他猶如居環中以應無窮的道樞，是沒有對待相，超是非善惡而充滿和諧，所以叫渾沌，渾沌純然是天心一片，無私無偏，物來之必順應之，沒有絲毫恚礙乖隔，老子說：「善者吾善之，不善者吾亦善之，德善；信者吾信之，不信者吾亦信之，德信」（四九章），渾沌之德正是如此，他之所以能善待儵忽，也緣於是。若儵與忽二帝則不然，他們一南一北彼此對立，同時都會做差別計較的考慮，儵與忽自認爲人的有竅勝於渾沌的無竅，於是私做主張，要爲渾沌鑿竅，殊不知渾沌乃是超越感官知能與自然習性的整全，又何須七竅來哉？今竟然要動他手腳，此無異以偏執之妄爲，擾動了他天眞的和諧，而儵忽終究是儵忽，他們迷不知悟，連鑿了七日，使渾沌也成了和他們一般，有七竅以視聽食息，然此時渾沌已經淪落成儵忽，眞正渾沌反而沒有了，因爲渾沌既然被割裂，他原本虛靈應物的整全，只成了一器之利或一孔之見的雜多，怎麼可以再稱爲渾沌呢？

如果把這個故事移到人身上來反省的話，儵忽是有心有爲、躁進妄動的無明，渾沌是無我無執、虛靜自然的眞君，人的可悲莫大於迷不知悟，妄想用人爲去改造天德眞君，種種的情枷欲鎖使人遺忘了不應該忘的一項認知——惟有素朴天眞才是最完整的美好，任何的造作都是對美好本身的斲傷——然人的可貴，就在能幡然來悟，而願意絕棄一切莫須有的矯揉胡爲，讓天德重新在自自然然中如如朗現，讓眞君再度在淡淡漠漠中如如呈顯，使天地的美好永遠回歸天地的美好，此亦即當莊子提出「全德葆眞」的無上義蘊後，能獲得千古喝采之原因。總之，從莊子這則寓言裡面，我們可以深切體會，莊子確實爲老子所揭櫫的——從無的工夫，證成無爲而無不爲的境界——之人生哲學，再做一次見證。

【註釋】

註　一：「範圍天地之化而不過，曲成萬物而不遺」是《易經・繫辭上傳》的話，「天地與我並生，萬物與我合一」則見於《莊書・齊物論》，我在這裡拿它們來分別表示儒家與道家的最高境界，除了凸顯儒道兩家透過生命反省以實現價値理想的實踐色彩外，也隱約表達了我對於儒道最高境界的不同看法，〈繫辭上傳〉說：「一陰一陽之謂道。……顯諸仁，藏諸用，鼓萬物而不與聖人同憂，盛德大業至矣哉！」此固在強調天道無心而成化，然也表示聖人是不能無憂的，聖人之憂其實就是聖人之仁，若聖人痲木不仁，將何憂患之有？而既然天道是「顯諸仁」，則聖人憂患之仁心當即是天道之見證也，是故參贊天地之化育，其實就是聖人仁心之化育，依此，所謂「範圍天地之化」與「曲成萬物」，實含有一「裁成輔相」的道德創造之理想，故如把此一道德之創造視爲天道之生化，在儒家而言，自是恰當不過的，但此一創生的理想相對於道家而言卻未必適用，因爲無論是老子或莊子，都找不到仁心（或稱之爲道德主體）的概念，莊子強調「天地與物並生，萬物與我合一」，那是和諧地一體觀之理想，而此一理想的保證是建立在「是其所非，非其所是」或「和之以是非而休乎天鈞」的「以明」、「兩行」上的，那只是無私無我、無執無欲的清靜心靈之呈顯，道家就是靠著此一清靜心靈（〈齊物論〉中又稱之爲「眞君」或「眞宰」）

的呈顯，來說「道生之，德畜之」，所以道家的生並非道德意義的「創生」，而是讓開一步使萬物能自生自長的「不生之生」，道家人物的最高表現，也不在道德擔當以成聖成賢，而是放下一切的執著，讓自己的「無爲」能成就萬物的「無不爲」，並與萬物和平共存。關於道家的這種「不生之生」的實現原理，我是受牟宗三先生所啓發的，以前我曾寫過〈試論道的雙重性——道德經中的「無」與「有」初探〉一文，刊於《台北鵝湖》月刊第一八九期（一九九一、三月），文中有較詳細的交代，在此則不便細述。

註　二：「滌除玄覽」見《道德經》第十章，它可能是「滌除玄鑑」之誤（我在〈試論道的雙重性〉中曾做過簡單的考證，詳見該文頁三九註十一），「致虛極，守靜篤」見第十六章，「復歸於無物」在第十四章，「復歸於嬰兒」、「復歸於無極」、「復歸於樸」均見於第二十八章，「復歸其明」則見於第五十二章，我之所以特地強調滌除、虛靜以及復歸等字眼，用義就在凸顯老子特有的修養路數是重在回歸復原。

註　三：吳怡先生說：「莊子的歸眞，一方面是回歸眞我，一方面是生命的上揚。」見《逍遙的莊子》頁五七；台北東大，一九八六。又葉海煙先生說：「生命的昇華，一方面是返樸歸眞的逆溯，一方面則是神而明之的升揚。」見《莊子的生命哲學》頁二二四；台北東大，一九九〇。

註　四：像這種從二元對立發展到有機統一的精神昇華過程，是儒道兩家的共同特色，成中英先生稱之爲「和諧化的辯證」，其義請參閱氏着《知識與價値——和諧、眞理與正義的探索》中之〈邁向和諧辯證觀的建立〉；台北聯經，一九八六。

註　五：「辨證的超越」含有揚棄與昇華的意思，《道德經》中的反省批判是開顯精神境界的實踐工夫，當然既會揚棄、終會昇華，所以就是「辨證的超越」。又「辨證的超越」一詞乃王師邦雄首先用來形容道家心靈者，王師邦雄在解《道德經》「天地不仁，以萬物爲芻狗；聖人不仁，以百姓爲芻狗」（五章）、「上德不德，是以有德；下德不失德，是以無德」（三八章）時說道：「『不德』與『不仁』的『不』，不是本質的否定，而是辨證的超越。否則，不德有德，即構成矛盾的不可理解。……不德是對生命的本質與方向，不作任何的規定，不落在可道可名的規格模套中。……『不仁』就是心從『仁』的道德自覺中解放出來，不必有人文理想的負擔，如是生命就可還歸自然。老子由不仁的無心，說不德的超越作用，通過不德的超越作用，人才能存全眞實的生命，人有眞實的生命，就是有德。人之有德，有眞實的生命，人人實現自我的生命，就是常道。」（見王師邦雄《儒道之間》頁一二五至一二六；台北漢光，一九八五）王師邦雄把「不仁」與「不德」理解成對陷落在規格模套中的仁、德之超越，超越之即是成全之，所以不德才能有德，不仁才是大仁。

註　六：王師邦雄說：「百骸、九竅、六藏，具備於吾身，彼此各有專司，地位等同，吾人自不能有所私親，而使其爲主；彼等亦不可能皆屬臣妾的茫然無主；或遞相爲君臣的輪換不定；由是以證立人的生命，必有統攝官能而超越其上的眞君，就是人的生命主體。」（《中國哲學論集》頁七九）王師邦雄這一番解析，頗能澄清儒釋道思想中所謂的「生命主體」的形式意義，就三教的勝場而說，其生命主體的內容意義自當有別，但就形式意義來說，生命主體三教通通指的是人能圓滿實現生命價值的依據和標準，說它是主體是就其眞能成全生命人格之永恆性、圓滿性、眞實性、絕對性、無限性而立言，換句話說，主體的主，是特重價值意味的主要、重要等意思，而不是認識論意義下主客對立的「我」之意思，且和此一形式意義之生命主體直接相對的也不是外在的客觀物，反而是人自身的習氣念執、感性欲求；甚者，主體的整全開顯，依儒家爲例，必心量德量之無窮，在道家則是能容通萬物而無私無偏、無障無隔，是故，所謂主客或心物二元對立的顧忌，在三教聖法中是可以完全消融掉的，而消融的意思，並非用主體去吃掉天地萬物，而是通過揚棄和昇華的歷程，超轉活化了自我，使物我皆得其所哉，〈齊物論〉說：「天地與我並生，而萬物與我爲一」（二／五二至五三）誠信然矣，凡吾人在本論文中提及「生命主體」或「精神主體」，其義理背景亦皆根源於此。

註　七：方東美先生說：「根據中國哲學的傳統，本體論也同時是價值論。」見《中國人的人生觀》馮滬祥先生中譯本頁十四。台北幼獅，一九八〇。

註　八：老子的形上道體到底是客觀實有，或者是主觀境界，當代學者對這個答案的不同意見，可以參閱袁保新先生〈老子形上思想之詮釋與重建〉之第三章：當代老學詮釋系統的分化（台北《鵝湖月刊》一一二期頁四七至五六，一九八四、十月）本論文因爲是以人的「全德葆眞」爲研究範圍，故暫時不處理老子形上道體的性格問題。

註　九：如果老子的道是客觀實有的形上道體，則其具備超越性格而爲萬有之本體自不在話下，但即使主張道是主觀境界者，亦沒有否認道是本體、道是超越的意思，他只是說，「道」是不能被客觀實指，而須就人之主觀心境說；道是實踐形上學的本體，而非觀解形上學之本體。其實把道理解爲主觀境界，乃牟宗三先生的原創性解釋，惟牟先生明明說過：「道要通過無來了解，以無來做本，做本體，……作用所顯的境界（無）就是天地萬物的本體。」又說：「道家從作用上透出『無』來，即以無作本，作本體，從這裡講形而上學，講道生萬物。」又說：「道家就拿這個無作它的本體，……來保障天地萬物的存有。」（《中國哲學十九講》頁一三五、一四五及一四六；台北學生，一九八三）凡此，皆可証吾言之不謬。

註一〇：徐復觀先生說：「德是道的分化。萬物得道之一體以成形，此道之一體，即內在於各物之中，而成爲物之所以爲物的根源；各物的根源，老子即稱之爲德。《韓非子．解老》說『德也者，人之所以建生也』，即係此意。就其『全』者『一』者而言，則謂之道；就其分者多者而言，則謂之德。道與德，僅有全與分之別，而沒有本質上之別。」（見《中國人性論史．先秦篇》頁三三七至三三八；台北商務，一九七七），徐先生對《道德經》有他特別之詮釋系統，他認爲道與德是質同而量不同，我們不必完全同意，但德是道之內在化於各物中而爲各物之根源，這點則可以接受。既然德是道之內在化，其本質爲同一，道之無限也應該是德之無窮才對，又何來乎量之不同呢？王師邦雄說：「道與德之別，就在一超越，一內在之分。」（見《老子的哲學》頁八一），這種講法就比較乾淨恰當了。另外，岑賢安先生說：「道在產生天地萬物時，內在於萬物之中，涵養萬物，促成萬物，使萬物自然生息，這就是德。……最深厚的德，也就是完全體現道的自然本性。」（見張立文主編《道》頁四二；北京中國人民大學，一九八九），鄔昆如先生也說：「道之在物就成了德。凡是『通於天地者，德也』，則這『德』的任務就是保存物之存在，保存具體事物之存在。若以『無所不在』的屬性寫在『德』之上，則『道』就應有超越的『無限』。」

（見氏著《莊子與古希臘哲學中的道》頁八七至八八。台北國立編譯館，一九八二），凡此都能相互發明「道」與「德」之間那種既超越又內在的關係。

註十一：《韓非子．解老》說：「德也者，物之所以建生也」，王弼《老子注》第六章說：「德者，得也，……何以得德，由乎道也」，第五一章說：「道者，物之所由也；德者，物之所得也」，凡此皆常見被引用。

註十二：如嚴靈峰先生、陳鼓應先生、余培林先生皆是，參見《老子達解》頁四二（台北藝文，一九七一）、《老子今註今譯及評介》頁七三（台北商務，一九七〇）及《新譯老子讀本》頁三〇（台北三民，一九七三）。

註十三：《老子校詁》頁三一九；台北東昇翻印，一九八〇。

註十四：徐復觀先生前揭書頁三三八。

註十五：同前註頁三五六。

註十六：同前註頁三四四。

註十七：《孟子．盡心下》第二四曰：「口之於味也，目之於色也，耳之於聲也，鼻之於臭也，四肢之於安佚也，性也，有命焉；君子不謂性也。仁之於父子也，義之於君臣也，禮之於賓主也，智之於賢者也，聖人之於天道也，命也，有性焉；君子不謂命也。」

註十八：《莊子集釋》頁一。

註十九：此所謂相應，意指不歧出也，然是否窮盡，則仍須斟酌，牟先生析論莊子之逍遙義，以為可分三層：一是從理上一般說，二是分別說，三是融化說；並論曰：「支遁義只是分別說，實未眞能『標新理於二家之表』也。且未能至向、郭義之圓滿，然亦並不誤。」（參見《才性與玄理》頁一八〇至一八四，台北學生，台再版，一九七八），即斷定支氏逍遙義是相應而不窮盡也。又莊子、郭象及支遁三人之逍遙觀，除牟先生之評判外，其他亦有不同意見者：或持舊說，以為郭象不能完全貼應莊子，亦不如支遁之高卓也，友人林聰舜君著有《向郭莊學之研究》（台北文史哲，一九八一），其中第四章第五節即表明此義；或以為郭象更有進於莊子者，傅偉勳先生在〈老莊、郭象與禪宗——禪道哲理聯貫性的詮釋學試探〉（《哲學與文化》第十二卷第十二期，一九八五、十二月）即持此義，文中傅先生說：「郭象很可能是中國哲學史上第一個我所云『誤讀天才』，以『創造的詮釋學』方式故意誤讀莊子原文，俾便批判地繼承並創造地發展老莊所開拓的道家哲學理路。」欲客觀評析凡此三家之不同立場殊非易事，來日若有機會，筆者願意再撰專文詳論此事。又牟先生之意見，其弟子廖明活先生曾撰〈莊子、郭象與支遁之逍遙觀試析〉（《鵝湖月刊》第一〇一期，台北鵝湖，一九八三、十一月）以明之，可參閱。

註二〇：〈應帝王〉中，壺子顯現他最高的生命境界曰「未始出吾宗」（七／二八），故「宗」猶如「德」，有主體的意思，林希逸說：「守其宗者，全體也」（《莊子口義》卷七第三，台北弘道景本，一九七一），頗切合莊子之義。又錢穆先生也說：「無假，即非假之異物者也，是我之眞也；宗即我之無假。」（《莊子纂箋》頁三九，台北東大重印本，一九八五）「我之眞」、「我之無假」即是生命之眞正主體。

註二一：錢穆先生前揭書頁三九。

註二二：《莊子集釋》頁二五五。

註二三：此超越的區分乃因襲牟宗三先生對康德「現象與物自身超越的區分」之融攝意見，而著眼於人之執與不執或覺與不覺所做之具價值意味的區隔者，若就道家義理的特殊性而言，也就是自然與人爲的區隔，牟先生說：「同一物也，對有限心而言爲現象，對無限心而言爲物自身，這是很有意義的一個概念，可是康德不能充分證成之。我們如想穩住這有價值意味的物自身，我們必須在我們身上即可展露一主體，它自身即具有智的直覺，它能使有價值意味的物自身具體地朗現在吾人的眼前，吾人能清楚而明確地把這有價值意味的物自身之具體而眞實的意義表象出來。我們不要把無限心只移置於上帝那裡，即在我們人類身上即可展露出。」（見牟先生《現象與物自身》頁十六，台北學生，一九七五）；又說：「依我們的說法（實是依中國的傳統），人可是執而不執的。當其執也，他是有限。當其不執也，他是無限。當其執也，他挑起現象而且只知現象。當其不執也，他知同時即實現物自身，而亦無所謂現象，如是，"超越的區分"是主觀的，這主觀義乃得極成，而超越義亦得極成。」（前揭書頁十九）牟先生如上所述之論點，在《現象與物自身》中處處可見，本文凡使用「超越的區分」皆以牟先生之意見爲義理背景。

註二四：此處對天的五種分類，係依據馮友蘭先生之意見。參見氏著《中國哲學史》頁五五；坊間翻印本。

註二五：余雄先生《中國哲學概論》頁五一；台北源成翻印本，一九七七。又該書原名《中國哲學大綱》，另名《中國哲學問題史》，乃大陸學者張岱年（筆名宇同）先生所著，台北源成翻印時，擅改其書名與原作者名，內容亦有部分更動，惟更動處皆與原文字跡不相吻合，顯然意在故露痕跡以警讀者，本處所引張先生之意見則是完璧。

註二六：余雄先生前揭書頁五六。

註二七：傅佩榮先生《儒道天論發微》頁二一六；台北學生，一九八五。

又，傅先生接着說：「老子的作法毋寧是：由自然主義的觀點來解釋『天』，同時把原屬於『天』的某些重要特質歸諸『道』。」傅先生所謂的「自然」指的是一種「經驗的實然」，他所認爲的老子之「天」概念，其實只是文字學上「从一大」的那個「人之頭頂上蒼蒼者天」罷了，換言之，傅先生之所謂「天」概念不能抹煞只是虛說而已，他的眞正本意還是在強調「道」概念乃萬有之眞實，地位遠在「蒼蒼者天」之上。傅先生這種立場，顯然和吾人的認知有很大的差距。

註二八：一般的中國文法學家，把中文句子的型態依其述詞（動詞）之不同區分爲四大類：（一）敘述句——述詞是普通動詞；（二）表態句——以形容詞當謂語，謂語中沒有述詞成分；（三）判斷句——以「即」、「是」當述詞，若述詞爲「如」「似」……則稱之爲準判斷句，又判斷句中之述詞常改稱之爲繫詞，準判斷句之述詞改稱之爲準繫詞；（四）有無句——以「有」、「無」爲述詞。我們現在把《道德經》中的「無」先理解成無掉或除去等生命實踐的工夫，則是把「無」當普通動詞看，而非有無句中的述詞，換言之，「無」在這種詮釋下，可能比較接近「亡」的意思，龐樸先在在〈說無〉一文中，提到「無」有三個意思：（一）亡——有而後無（起先有然後又失去）；（二）無——似无實有（無形象可擬，無形象可思，卻是比大還要大的實體）；（三）无——无而純无（絕對空空蕩蕩的純无）（參見深圳大學國學研究所期刊《中國文化與中國哲學》一九八六，十二月，頁六三至六九，北京東方出版社）龐先生的分析，給了我們一些字義學上的支持，不過龐先生在該文結論中說，《道德經》中的「無」都是似无實有的「無」，沒有「亡」和「无」的意思（參見前揭書頁七二至七四），則可能太死看了老子的「無」，吾人認為《道德經》中的「無」可能三義兼備，譬如說，從人的生命實踐來講，實然的人生現象存在著許多渣質污垢，那是不可否認的「現有」，實踐的努力正是要把這些現有的塵埃完全擦拭乾淨，這不就屬於龐先生所分析的第一義的「亡」嗎？又聖人的最高境界，是不能有絲毫成心造作的境界，光就其不能有絲毫的執著與負累來說，不也含有第三義的「无」嗎？當然，第二義的「無」在老子書中乃最重要者，這是不爭的事實，但如果疏忽掉「亡」和「无」的話，在詮釋上顯然是有漏洞的。

註二九：牟宗三先生《才性與玄理》頁一六二至一六三。又牟先生在《中國哲學十九講》中，除了再度重申這項意思外，並進一步解析說，人為的造作有三層：一是自然生命的紛馳；二是喜怒無常等心理情緒；三是知識觀念系統之意念造作。參見該書頁九二至九三。

註三〇：此為王弼〈老子指略〉中的話，見樓宇烈先生《老子周易王弼注校釋》頁一九八。又〈老子指略〉樓先生在前揭書頁十三的〈校釋說明〉中指出，係近人王維誠據《雲笈七籤》中〈老君指歸略例〉及《道藏》中〈老子微旨略例〉所輯成者，它有可能是宋末以後亡佚的王弼《老子指略例》之佚文。

註三一：同註二八頁一九九。

註三二：陸象山《陸九淵集》點校本頁三九八；台北里仁翻印，一九八一。

註三三：王師邦雄解析〈逍遙遊〉的篇名也說：「『逍』就是消解，乃其『無己』的工夫，消解掉形軀官能的拘限，與心知情識的負累，人就能超離形軀之小，而伸展其精神之大；『遙』就是高蹈遠引，即其『無己』的境界，人的生命老是牽扯糾結，飛揚無路，就是逃不開功名利祿的枷鎖，擺脫不了生理欲求的束縛。那一天，自我解放了，精神就衝開時空的藩籬，飛越於絕對自由的新天地，由是而言，逍是工夫，遙是境界，……只要消解形軀官能與心知情識的定執糾結，世界就是無何有之鄉的廣莫之野，人的心志精神一獲自由解放，當下生命就能自在自得。世界廣大，人心自得，然後人間可遊，人間世就是天池。」見《中國哲學論集》頁六七。

註三四：〈逍遙遊〉是以「無己」的工夫證成「無己」的境界，至於〈齊物論〉的工夫與境界，亦可分別從首尾兩段來探尋，在第一段中南郭子綦提到的「吾喪我」即是「無己」的工夫已如文中所述，若其境界則是使人籟地籟皆得成全卻不知怒者其誰的天籟；最後一段莊周夢蝶，莊子在夢中不知有我，意即忘我，惟忘我始能物化，物化者泯同彼我而循大變也（宣穎的注解是：「周可為蝶，蝶可為周，可見天下無復彼物此物之跡，歸於化而已。」見《南華經解》頁三四），則物化實乃「無己」之境界。而莊子的無己，其實就是老子的無執或無為，約而言之就是「無」。

註三五：《莊子解》頁三〇至三一。

註三六：《莊子南華經解》頁八〇。

註三七：同前註。

註三八：《莊子內篇註》卷四頁二一至二二。

第三章　莊書外雜篇對老莊的承繼與接續

前　言

否定一切人爲造作，超越所有我執封限，使天地萬物在完全開放的自由自得中，與我一起以原有的和諧純眞適性共榮，這種「返樸抱一」、「全德葆眞」的訴求，乃是老子所開啓、莊子所承接之人生理想和生命歸宿，但每個人的性向才情原本參差不齊，而且又會與他的成長背景、教育環境、生活經驗互動影響，因此，當後代的人在詮釋此一心法時，就可能產生不同的人格型態和思想表象，其間亦必定有周洽不周洽、恰當與不恰當之別。陳榮捷先生在〈戰國道家〉一文中，提到的道家人物除老聃、關尹、楊朱、莊子之外，還有稷下諸子（宋鈃、尹文、彭蒙、田駢、愼到、環淵）、貴生之流（子華子、詹何、魏牟、它囂）、潔身隱士（黔婁子、陳仲、鶡冠子、鄭長者）等（註一），這些人之所以能被廣義地稱之爲道家人物，應該是在意識型態和行爲模式上都或多或少地和老莊「返樸抱一」、「全德葆眞」的理念有一些交集，至少追求生命之曠達天放，極不願因爲自我的名利執著，使純眞的生命受到傷害，也不希望由於外力的干擾逼誘，使平靜淡泊的生活，受到人爲的扭曲，天下惟祥和怡悅是盼，必是他們基本的共同理念才對，差別的地方，就端看他們是用什麼樣的行爲方式去實踐它，恰當與否，則須評鑑考量他們是否周洽的圓現「返樸抱一」、「全德葆眞」之義蘊，譬如說宋鈃，〈天下篇〉形容他能「不累於俗，不飾於物」（三三／三三），志在容受萬物，「以調海內」（三三／三六），對於外來的毀譽絲毫不在意，自處之道是「見侮不辱」「情欲寡淺」「以聏合驩」（三三／三六）；又如子華子，《呂氏春秋．知度篇》描述他的理想是：「厚而不博，敬守一事，正性是喜，群衆不周，而務成一能，盡能既成，四夷乃平，唯彼天府，不周而周。」（註二）此兩者在表面上看來，和老莊之人生智慧頗爲神似，然莊子在〈逍遙遊〉中說宋榮子「舉世而譽之而不加勸，舉世而非之而不加沮，定乎內外之分，辯乎榮辱之境，斯已矣。彼其於世，未數數然也，雖然，猶有未樹也」（一／十八至十九），顯然就是從逍遙無待的最高境界，批評宋榮子之定內外、辯榮辱，仍不免溺在偏滯，雖志在「救民之鬥」、「救世之戰」（三三／三二；三三），卻爲「上下見厭」（三三／三八），其不周洽於「全德葆眞」之理想，不被視爲老子之克紹箕裘者亦明矣；又陳榮捷先生說：「子華子也是崇尙守一，不過這個一不是道體之一的。」（註三）今據《呂氏春秋．貴生篇》載子華子曰：「全生爲上，虧生次之，死次之，迫生爲下」（註四），可見「全生」乃是子華子之最高理想，所謂「敬守一事，正性是喜」，用意全在乎貴生，其與莊子之「全德葆眞」非完全契合自是無庸置疑，陳榮捷先生對子華子的斷語，也許語意稍欠明確，但子華子之於老莊非能繼志述事，則是千眞萬確。

廣義的道家人物，他們的人生觀包含有避世、厭世、超世、遊世等不同取向，但是由於「反省批判、同體肯定」乃是道家最圓融之智慧，因此「乘物以遊心，託不得已以養中」（四／五二至五三）、「喜怒通四時，與物有宜而莫知其極」（六／十至十一）、「安時而處順，哀樂不能入也」（三／十八）等不避世、不厭世、不超然世外、不遊戲人間，然亦不爲世事所繫、俗情所縛的自處之道，應該才是最能直扣老子本懷者，此則非莊子莫屬，其餘多樣化之道家人物，當是緒餘，或爲近相彷彿而已，他們和老莊之思想大宗，皆不必能完全相應也，《漢書・藝文志》中，有許多廣義道家人物之著作，不被歸類於道家作品中（註五），衡之以上所述，則可思過半矣。

做爲道家開山祖的老子，他的思想本來就特別強調無執、自然，在這種開放的系統下，當然會有寬廣的精神空間，啓發後代人物去恣意揮灑，於是難免有頓挫、有昇揚、有轉折、有層進，依此而言，道家人物之具多樣性本不足爲奇，而事實上「道家」一名的使用，也是到了西漢初年的陳平才第一次正式被提出，這和儒家墨家早就確定地成宗成派有相當的不同，造成這種區別的理由之一，可能是儒墨分別有孔子、墨子爲領袖，做精神的指導與行爲的示範，並具體地凝聚同好師友，共同投入社會服務或人文建設的工作，而形成一定的傳統和特色，道家則純粹只是相互之間的莫逆於心，他們主觀上雖能聲氣相通，客觀上卻不願也不能組合成固定的一宗一派。惟假使老子眞是道家之宗師的話，則凡是道家人物仍然必須對老子學思宗趣做呼應，至於格調品味之高低同異，則決定在他們與老子之間的醇疵與出入，而基於吾人的理解，體道證德正是老子思想統宗會元之處，且莊子之所以異乎其他道家人物，歷來爲研究道學者所肯定，就在他眞正能在「全德葆眞」的思想上，紹述老子之「返樸抱一」者，本章目的在探討莊書外雜篇之道家血統，底下就以「全德葆眞」爲穴眼，從文獻語彙之遞嬗與義理架構之承繼著眼，在形式上先檢測莊書外雜篇思想和老莊間的可能牽聯。

第一節　文獻語彙的遞嬗推衍

壹、道德經中常道常德與眞的關係

就文獻上說，《道德經》的重要詞彙是道、德、有、無、虛、靜、反、復、一、常、柔、弱、樸、玄，而在短短的五千言中，總共有十六章四十處提到「德」，對「德」的重視自不在話下，至於「眞」老子顯然沒有正面積極提出，《道德經》中只有在第二一章、四一章和第五四章三次出現「眞」字，甚至第四一章中的「質眞若渝」也有可能是「質道若渝」或「質德若渝」的訛誤（註六），但二一章是老子形容道體的重要篇章之一，文中說到「其精甚眞」，五四章是在形容得道者的修養，裡面有「其德乃眞」，依此，「眞」和「道」跟「德」的關係十分密切，如果能將「眞」進一步名詞化，它就會是「道」就會是「德」了，不過在《道德經》中還沒有出現這種用法，惟我們卻可以另外從「常」這個字去思索。

「常」在《道德經》中計有十九章三十處提到它，舒詩玫先生曾撰文分析，認爲《道德經》中「常」字的意涵可歸納爲三類：（一）用以對一般事物的形容，爲恆久、經常之意；（二）老子以「常」來描述道相，爲眞常之意；（三）「常」即是道，即以道相之名指目道體（註七）。舒先生的歸類，第一項稍失之籠統，語義亦含糊，第二、三項則大體可從，惟《道德經》亦有用「常」來形容人的天德者，如二八章之「常德」是也。若從詞性來說，舒先生所提到第一類的「常」應是頻率副詞，它一般被用來表示事物在時間上空間上出現或存在的機率；第二類是形容詞，乃老子用來描述「道」和「德」者；第三類是名詞，「常」即是「道」，即是「德」，並且可以相互聯合形成同義複詞者。頻率副詞的「常」比較常見的意思是通常、時常、經常、常常，如果頻率之出現強烈到恆常、定常的程度，那就是眞常了，中國人傳統的觀念，惟永恆、普遍、眞實、絕對者方可名之爲眞常、恆常、定常，基於修辭學上的借代原理，只要提一個「常」字亦可替代此一永恆、普遍、眞實、絕對者，這時候的「常」就從副詞轉品爲名詞了，是故，「常」之所以能名詞化而可等同於「道」和「德」，必先通過眞常、恆常、定常等意義的媒介才可以，否則「常」不能直接說就是「道」或「德」。蓋凡眞常、恆常、定常之物，必是不妄不假，如如爲眞之物，俗話說「眞金不怕火煉」差可比擬，蓋因眞方能常，不眞則無常矣，則道之所以能「自古及今，其名不去，以閱衆甫」（二一章）亦必由於道之眞故也，因此，老子雖然罕言「眞」，但並不代表他沒有此概念，只是他喜歡用「常」替代「眞」而已。如果這種歸納沒有錯誤的話，那麼老子說的：「復命曰常，知常曰明」（十六章）、「用其光，復歸其明，無遺身殃，是爲習常」（五二章），其實就是「全德葆眞」的另外一種描述了。

貳、莊書內七篇中的德與真

老子恆言「德」，但只說「常德不離」（二八章）或「重積德」（五九章），並沒有說「全德」，到莊子才講「全德」；老子多言「常」而少言「眞」，到莊子則「眞」常常被用到，老莊思想本是慧命相續，底下我們就來考察莊書內七篇中「全德」和「眞」的義蘊，以證明其與《道德經》的內在關係。

莊子兩次言及「全德」（五／二八；四二）都在內篇第五〈德充符〉，〈德充符〉中提到了許多有道之士，如兀者王駘、申徒嘉、叔山無趾、哀駘它等，這些人的外形，或肢體殘障或容貌醜陋，而和常人不能相提並論，但是卻由於他們內在修養的成功，不但使他們超克了外形的得失可能牽動的心理情緒，而且能夠感召別人，使大家忘記他們外形的特異而樂意與之相隨，這種自化化人的歷程是和諧的再現，〈德充符〉中莊子藉孔子的嘴巴說就是證德，就是「成和之修」（五／四七），修德的方法則不外乎超越世情得失的化解工夫：

不知耳目之所宜，而遊心乎德之和；物視其所一而不見其所喪，視喪其足猶遺土也。（五／七至八）

知不可奈何而安之若命。（五／二十）

不以好惡內傷其身，常因自然而不益生也。（五／五七至五八）

這種化解的修養工夫和老子無的工夫是聲氣相通的。凡工夫越深就越是有德，而越是有德的人就越能擺脫形軀的束縛，此之謂「德有所長而形有所忘」（五／五一），至於功德圓滿的最高境界，則是徹底戡破物我的封限，完全超越情識的黏著，讓生命在沒有任何牽掛下，自自然然地伴隨著造化，神遊任運於無窮之時間與寬廣之空間，無見無得而永遠長存，故曰：

死生亦大矣，而不得與之變，雖天地覆墜，亦將不與之遺。審乎無假而不與物遷，命物之化而守其宗也。（五／五至六）

假於異物，託於同體；忘其肝膽，遺其耳目；反覆終始，不知端倪；芒然彷徨乎塵垢之外，逍遙乎無爲之業。（六／六九至七十）

此一最高境界乃是充極證成天眞本德的「全德」境界，全德亦即「才全而德不形」（五／四二至四三），〈德充符〉中莊子藉著魯哀公和孔子的對話，對「才全而德不形」的境界做了這樣的敍述：

死生存亡，窮達貧富，賢與不肖毀譽，飢渴寒暑，是事之變，命之行也；日夜相代乎前，而知不能規乎其始者也。故不足以滑和，不可入於靈府。使之和豫通而不失於兌；使日夜無郤而與物爲春，是接而生時於心者也。是之謂才全。（五／四三至四六）

平者，水停之盛也。其可以爲法也，內保之而外不蕩也。德者，成和之修也。德不形者，物不能離也。（五／四六至四七）

總而言之，「才全」就是定於一，不動心，與物無隔，四時常樂；「德不形」是內心平靜如水，不邪僻放佚，不敖倪於物，而物我同存也。然才全其實就是德全，至於德之所以能全，則是因爲不爲形軀所支配，不滯於一物一器之用故也（註八），憨山大師以「天性本眞全然未壞」解釋「才全」，以「虛明朗鑑與物混一」解釋「德不形」（註九），稱得是莊子千古知音，他並說：

此章形容聖人之德，必須忘形全性，體用不二，內外一如，平等湛一，方爲全功，故才全德不形爲聖人之極致，蓋才全則內外不二，德不形則物我一如，此聖人之成功，所以德充之符也。（註十）

「內外不二，物我一如」本非道家之專美，但「忘形全性」「虛明朗鑑」不可諱言的，是老莊說得最多、最認眞，才全即性眞存，德不形則眞君在位，此之謂全德，此之謂葆眞，憨山大師雖然沒有直接交代，但言下之意卻已呼之欲出了。

其次說「眞」。〈齊物論〉中莊子首先用眞君、眞宰和形軀百骸對揚，以凸顯人的生命主體，但眞君眞宰的「眞」還只是形容詞，到了〈大宗師〉時，莊子一再地闡述眞人和眞知，「眞」的地位就益發重要了（註十一），其中更有一處，確定地把「眞」名詞化而單獨使用，可看作是人的生命主體者，頗令人側目，其原文如下：

死生，命也，其有夜旦之常，天也。人之有所不得與，皆物之情也。彼特以天爲父，而身猶愛之，而況其卓乎！人特以有君爲愈乎己，而身猶死之，而況其眞乎！（六／二〇至二二）（註十二）

在這段話中，莊子指點我們，每個人都必須要有一番精神境界的異質跳躍。死生有命，日夜有常，這是實然，人在這些事實中好像唯有全盤地接受一切安排，絲毫不得贊一言，的確，以如今的科學昌明，人雖然可以操控某些自然現象，但長生不老仍是一個神話，戡天役物，也不可能完全實現，但莊子卻在這裡眞切地提醒我們，既成的世界再怎麼牢不可破，人也不能如土塊般地任事實擺布呀！我們雖然不能在實然上改變有生必有死的命定，但在應然上卻必須能「假於異物，託於同體，忘其肝膽，遺其耳目」（六／六九），以「善夭善老，善始善終」（六／二八）；我們在實然上，雖然無法改變「臣之事君，義也，無適而非君也，無所逃於天地之間」（四／四〇至四一）的事實，但在應然上，卻必須能做到「自事其心者，哀樂不易施乎前，知其不可奈何而安之若命，德之至也」（四／四二至四三）的要求，像這種把實然不可或免的遭遇，當做是生命人格修煉的道場，希望透過內在的反省，提昇生命理想，實現生命意義，正是莊子昭示於人的實踐性智慧，而「況其卓」、「況其眞」，乃九轉丹砂的指點語，「卓」或「眞」都意味著應然實踐上生命理想的充其極證成，郭象依據他對莊子思想的詮釋，說「卓」是卓爾獨化，說「眞」是不假於物而自然（註十三），郭象的獨化論須不須要再檢討那是另外一回事，但是他以獨化和自然注解「卓」與「眞」，認爲「卓」和「眞」是可以單獨使用，且能完足表達莊子思想的終極關懷，這一點我們則完全同意。此外，王船山和宣穎也都把「眞」解爲「眞君」（註十四），凡此，都再再顯亦「眞」在〈大宗師〉中，已然成爲重要的語詞，它可直接用來說明人的眞實面貌，而與道、德、常、樸有相同的價值性意義與地位。

叁、莊書外雜篇中的全德與葆真

「眞」被名詞化，可代替眞宰以指涉生命人格的眞實主體，此猶如《道德經》中「常」被名詞化，可以等同於「道」的情況一般，而吾人敢用「全德葆眞」去標定道家人物的人格實踐與老莊思想的理論特色，亦算是「持之有故，言之成理」了，當然若死扣著文獻看，老子並沒有說過「全德葆眞」，莊子也只有說「全德」沒有講「葆眞」，但那是文字上的沒有，而不是內在思想上的沒有，文字的使用往往是踵事增華，只要在思想詮釋上謹守分際，沒有猜測比附，則用後起的語詞去稱示已有的思想，應該是被允許的，而事實上，「全德葆眞」是莊書外雜篇中的用語，於此，亦可看出莊書外雜篇與老子莊子思想的關連。

在外雜篇中，「德」除了〈至樂〉、〈漁父〉外，篇篇皆見，然〈至樂〉旨在強調：無爲無我以因其自然，忘身忘己以達其天養；〈漁父〉則主張：法天貴眞，不拘於俗，功成之美，無一其跡；因此，這兩篇雖沒有提到「德」，卻含蘊了「全德」的概念。「眞」在外雜篇中，顯然也比在《道德經》和內七篇中更有獨立揮灑的地位，除了〈天下〉篇說過「不離於眞謂之至人」（三三／三）外，「眞」被當作主體或理想來看待，在其他篇章亦不乏其例，如〈漁父〉通篇就在發揮「眞」的意義，試看下列這段原文：

> 禮者，世俗之所爲也；眞者，所以受於天也，自然不可易也。故聖人法天貴眞，不拘於俗。愚

者反此。不能法天而恤於人，不知貴眞，祿祿而受變於俗，故不足。（三一／三七至三九）

顯然地，在這段話裡面，〈漁父〉的作者是把「眞」視爲人受之於天的內在本然，並執秉此一「內在本眞」以批判外在人爲之世俗禮法，這完全是老莊的遺音，可見〈漁父〉的作者仍是色彩鮮明的道家人物，只是他把道、德、樸、無等概念，完全收攝在「眞」裡面，並一再強調守眞、貴眞的重要，告誡衆人千萬不可「湛於人僞」（三一／三九），而「苦心勞形以危其眞」（三一／七），故其凸顯「眞」之地位，於老莊思想乃是慧命相續而非歧出。此外，〈天道〉也說：「審乎無假而不與利遷，極物之眞，能守其本」（十三／六三），〈天運〉又說：「逍遙，無爲也；苟簡，易養也；不貸，無出也。古者謂是采眞之遊」（十四／五二至五三），亦皆其例。

以上只是聊舉數證而已，但是，已足以說明，「眞」的概念在外雜篇中是可以和「德」平起平坐屹立不搖了，這個發展，乃承接〈大宗師〉之理念，必然會有的結果，而依據此一「眞」即是「德」的結論，當我們說「天眞本德」時，其實是認定「天眞」等同於「本德」，「天眞本德」是以同義複詞的形式來規定說明人的本然面目；如果從生命的反省或行爲的實踐上立言，當我們說「全德葆眞」時，也是認定「全德」等同於「葆眞」，它也是一個同義複詞，乃道家用來詮定生命人格圓滿實現之終極理想者。

「全德」即是「葆眞」已如上述，所以單獨說一個「全德」或是「葆眞」，意思本自完足，合稱之當然也沒有妨礙，而事實上在外雜篇中「全德」和「葆眞」是分別單獨出現的，其中提到「全德」

的文獻者較多，如〈天地〉篇：

執道者德全，德全者形全，形全者神全。神全者，聖人之道也。託生與民並行而不知其所之，汒乎淳備哉！功利機巧必忘夫人之心。若夫人者，非其志不之，非其心不為。雖以天下譽之，得其所謂，謷然不顧；以天下非之，失其所謂，儻然不受。天下之非譽，無益損焉，是謂全德之人哉！（十二／六三至六七）

又如〈達生〉篇：

紀渻子為王養鬥雞。十日而問：「雞已乎？」曰：「未也，方虛憍而恃氣。」十日又問，曰：「未也。猶應嚮景。」十日又問，曰：「未也。猶疾視而盛氣。」十日又問，曰：「幾矣。雞雖有鳴者，已無變矣，望之似木雞矣，其德全矣，異雞無敢應者，反走矣。」（十九／四六至四九）

又如〈盜跖〉篇：

世之所高，莫若黃帝，黃帝尚不能全德，而戰涿鹿之野，流血百里。堯不慈，舜不孝，禹偏枯，湯放其主，武王伐紂，文王拘羑里。此六子者，世之所高也，孰論之，皆以利惑其眞而強反其情性，其行乃甚可羞也。（二九／三八至四〇）

至於提到「葆眞」者，只有〈田子方〉篇一處：

其為人也眞，人貌而天，虛緣而葆眞，清而容物。物無道，正容以悟之，使人之意也消。（二一

一／三至四）

對於這些文獻如何確定地去理解，我想留在後面再來處理，不過有幾個特別顯著的現象，值得現在提出來：第一、在〈天地〉的引文中，強調「忘」的重要，並有不之、不爲、不顧、不受等否定式動詞；在〈達生〉中，提到養雞之道，在去虛憍恃氣、去應嚮景、去疾視盛氣；在〈盜跖〉中，明白反對以利惑眞而違悖本性之可恥行爲；在〈田子方〉中主張清虛容物，以消除人爲之意念；凡此，莫不皆寓有批判的工夫，而無論是「全德」或「葆眞」的境界，亦務必經此一批判之歷程而後有，「反反以顯眞」的勝義，我們看到它在這裡又被重複提出了。第二、〈天地〉雖然沒有直接用「眞」，可是在前面所引的這段文獻後面接著說：「明白入素，無爲復朴，體性抱神，以遊世俗之間」（十二／六八／六九），這和「葆眞」的意思應是非常接近的；〈達生〉中則有達生之情、達命之情等命題，「情」就是實，也就是眞，達生命之情亦即達生命之眞，〈達生〉又說：「不厭其天，不忽於人，民幾乎以其眞」（十九／十七），則〈達生〉不僅講「全德」，其實也講「全眞」或「葆眞」，只是文字上沒有配對出現而已；〈盜跖〉講「德」又講「眞」，在前面引文中已經可以發現，〈盜跖〉又說：「子之道，狂狂汲汲，詐巧虛僞事也，非可以全眞也，奚足論哉」（二九／五二至五三），「全德」和「全眞」在〈盜跖〉中已然交互運用；至於〈田子方〉也不僅說「葆眞」而已，前面引用的文獻，是田子方對魏文侯的談話，文獻後面接著是：

子方出，文侯儻然終日不言，召前立臣而語之曰：「遠矣，全德之君子，始吾以聖知之言仁義

之行為至矣，吾聞子方之師，吾形解而不欲動，口鉗而不欲言，吾所學者直土梗耳，夫魏眞為我累耳！」（二一／五至七）

可見〈田子方〉的作者是最直接把「全德」和「葆眞」視為等同者；從上所述，可知「全德」等於「葆眞」，在義理上是被外雜篇的作者所共同接受的。第三、〈天地〉、〈達生〉、〈田子方〉是莊書外篇，〈盜跖〉是雜篇，如果按照劉笑敢先生之三大分類，〈天地〉屬莊學後學中黃老派的作品，〈達生〉與〈田子方〉是述莊派作品，〈盜跖〉是無君派作品（註十五），根據上面的訊息，我們可以發現，「全德」或「葆眞」的觀念，在莊子後學的繼承中，是沒有畛域之分的，要分的，恐怕是如何去詮釋其義蘊與如何去實踐其理想之差別了。

第二節　義理架構的貼合符應

壹、老子反反以顯真的表達方式

老莊思想的人格實踐，是要通過「無」的工夫去圓現「無為而無不為」的境界。「無」的工夫在內除妄起的我執我見，外辟僵化的俗情世法，總之，是要用「無為」作標準去批判「有為」，以「不德」為依據去反省「不失德」，而在批判與反省的過程中，就處處看到正反的對立；另外，「無為而無不為」的境界，是「善者吾善之，不善者吾亦善之，德善；信者吾信之，不信者吾亦信之，德信」

（《德道經．四九章》）的境界，也是「以其不自生，故能長生」（七章）、「夫唯不爭，故天下莫能與之爭」（二二章）的境界，它「常善救人，故無棄人；常善救物，故無棄物」（二七章），乃絕對的開放、絕對的容納，使一切的對立都歸於和諧者。從對立的批判到整全的和諧，代表著精神境界的提煉昇華，在第二章中我曾形容它是「從超越的區分到辨證的融合」之過程，並用「反反以顯眞」來概括整個意思，也提及所謂「反反」是「正言若反」（七八章）的詭辭爲用，它是「去病不去法」的診斷治療，而不是純然的否定，又說「反反以顯眞」與「全德葆眞」並無二致，蓋「德」和「眞」都是指生命主體的本然面目，天眞本德、天德本眞其揆一也，而「德」之所以能全、「眞」之所以能葆，莫不惟賴「反反」之工夫，若硬要分別「反反以顯眞」與「全德葆眞」之不同的話，則只能說在語氣上（或是表達的重點上），前者較重批判之意味，後者較重圓融之感受，也就是說，「從超越的區分到辨證的融合」這個精神提煉的過程，「反反以顯眞」是「超越的區分」說得比較多、比較確定，「辨證的融合」著墨就比較少，「全德葆眞」則反乎是，而事實上這也是老莊之間在義理表達上的相異處，試看《道德經》五千言，依篇章而言，大約有六十三章之多是用正反對立的形式做批判性表達（註十六），所舉出之對立概念如：有與無、惡與美、先與後、彼與此、盈與虛、妄與常、輕與重、躁與靜、雄與雌、子與母、白與黑、上與下、器與樸、智與明、益與損、道與不道、生與不生、爲與不爲、善與不善、爭與不爭、執與不執、欲與不欲、上德與下德、爲學與爲道……等等，不一而足，而在這六十三章的經文中，能確定說出辨證融合之意義，如王弼所謂「絕聖而後聖功全，棄仁而後仁德厚」者，總共只有十七章（註十七），其餘的四十六章，就惟特顯正反之對立，從以上數據，可證《道德經》是長於批判性的，相形之下，莊書內七篇就較多圓融的話頭，此單就內七篇題目之命名，即可窺伺一斑。

貳、莊子其一也一其不一也一的敘述方法

由於內七篇之文章形式迥異於《道德經》，故無法如前面方式，逐一考察它的全部內容以拿出數據來做比對，但〈逍遙遊〉擴展境界，任運隨化，是莊子哲學的總綱（註十八），〈齊物論〉破除成心，同體肯定，是莊子哲學的眼目（註十九），茲謹就該二篇之重要義蘊，予以說明，並表其特徵，其餘則不在話下，北宋王安石云：「嘗鼎一臠，旨可知也」，今於南華七篇之處理亦類於是。

按：〈逍遙遊〉之主要訴求，是在圓現自由活潑、不被事象往來所牽礙拘絆的境界，在文章中莊子是透過有待無待、有用無用的遮撥，逐漸鋪陳全幅義理。先說「有待」「無待」。「待」是依賴的意思，凡有依賴必不能說獨立自主，故有待與無待之別，亦即或被條件制約與或兀然自主自存之不同，當然所謂逍遙指的是無待，莊子首先指出：凡存在皆不免被限制，如知有大小、年有長短、力有厚薄、智有優劣，此皆不免有時而盡，一定是要「乘天地之正、御六氣之辯」（一／二一）才能遊於無窮，而這種無待的境界乃是無掉功、名、己之執著後才會達到的，然既說逍遙可遊，又曰帝王可應，則「逍遙」當不是從具體生活抽離的頑空孤冥，而是無入而不自得的快樂自在，依此，「至人無己，神人

無功，聖人無名」（一／二一至二二）並非表示他們乃超絕人間之純靈、類如西方宗教之上帝或天使者，而是說他們的眞正本領惟能以豁達之態度自處，可超拔乎一切有待者，故「無待」之諦義乃「雖有待而可無待」，而非徒然與有待相對之無待也，「雖有待而可無待」正顯一辨證之融合義。「有用」「無用」之辨證亦同於有待無待，莊子譏笑惠施的心是被蓬草所阻隔以致不能清虛通暢，所以會對五石之大瓠做出有用無用之計較分別，若是無蓬之心，則必不因物有一用就限制乎此一用，也不因物無一般習慣認定之用途就限制乎彼一無可用，凡無執之心靈必能使物物皆不限於一用而無不可用，是即「無用之用乃爲大用」，〈逍遙遊〉最後一句話說：「今子有大樹，患其無用，何不樹之於無何有之鄉，廣莫之野，彷徨乎無爲其側，逍遙乎寢臥其下。不夭斤斧，物無害者，無所可用，安所困苦哉」（一／四六至四七），點出人若不拘執於一物一用，不被有用之成心所困限，則物物皆不限一用而莫不有大用，「有用」、「無用」之差別計較，終被融會於「無用之用」矣。

總之，「雖有待而可無待」、「雖無用而可有大用」，正凸顯了〈逍遙遊〉辨證融合的性格，此性格有如佛教所謂「不毁世間以證菩提」，而展露了道家跡冥圓融的圓教智慧（註二〇），王師邦雄在解〈逍遙遊〉時，對莊子這種辨證融合的圓教智慧有非常諦當的描述，他說：

大鵬飛往南冥，追尋天池的理想境，是否歸向消極避世呢？依吾人了解，天池非世外的桃源。宇宙自然之氣，本就瀰漫流布在吾人的周遭，只要人改變自己，從形軀官能的制限與心知情識的困結中脱拔出來得一精神的大解放大自由，心胸開闊了，視野也擴大了，當下北冥就是南冥，紛擾狹隘的人間世，頓成「無何有之鄉，廣莫之野」的美麗新世界。所以若問天池何在，就在人間世。其中轉關當在人的生命主體，能否由小而大的成長，由大而化的飛越。若人的心胸打開了，精神昇揚了，平面的人間世界就顯豁而成海闊天空廣大無垠之立體的價值世界。又那裡是「這個世界小小小」的畫地自限呢？（註二一）

誠如王師邦雄所言，人間世之所以能當下轉化成桃花源，在莊子的想法就是先得超脫自我，放鬆把控，才能讓物我同登自得之所，若人的主體能通體透明，則山河大地隨著放出光芒，反之若主體被情識淹沒，則觸途成礙，物物皆失其所，這也就是道家式的存有論之勝義。儒道兩家本來對於人群與人性都有強烈關懷，只是儒者充滿陽剛乾健之道德意識，故重乎義理承當與人文開拓，道家雖不具人文化成之意識，卻嚮往絕對的開放與自由之理境，故重乎情識之解消與精神之釋放，牟先生說道家是作用的保存，是無執的存有論，是境界型態的圓境，確實是不刊之論，凡將莊子思想理解爲阿Q之精神勝利法（註二二），或將莊子視成消極無奈，把現實當作命定，只求自我心靈之寧靜，以苟全於亂世之游世主義者（註二三），恐怕對道家義理的嚴肅意義都是極不相應的臆測。

次說〈齊物論〉。〈齊物論〉篇名的句讀與析繹歷來就有些爭議，有人主張「齊物」連讀，而「論」乃文體之名；有人主張「齊」爲動詞，乃齊一之意，「物論」連讀，指對天地萬物之說明或評價；有人主張莊子的〈齊物論〉不惟要齊「物」，也要齊「物論」（註二四）；但無論如何，最重要的還是那個「齊」字。「齊」不是要統一思想，而是要平等（無私欲糾葛與計較分別）看待物物之存在，同體肯定事事之價值，因此所謂「齊」應該是「不齊而齊」的圓教話頭，它類於《道德經》的「道法自然」（二五章），王弼注「道法自然」說：「道不違自然，乃得其性，法自然也。法自然者，在方而法方，在圓而法圓，於自然無所違也」（註二五），牟宗三先生闡釋其義說：「『在方而法方』者，即，在方即如其爲方而任之。亦即於物而無所主焉。如此，則沖虛之德顯矣」（註二六）。

莊子〈齊物論〉的思想雖處處見其辨破之工夫，然於蕩相遣執之後，必隨說之曰：「彼是莫得其偶，謂之道樞，樞始得其環中，以應無窮，是亦一無窮，非亦一無窮也」（二／三十至三一），曰：「物固有所然，物固有所可，無物不然，無物不可，故爲是舉莛與楹，厲與西施，恢恑憰怪，道通爲一。其分也，成也；其成也，毀也，凡物無成與毀，復通爲一」（二／三四至三六）（註二七），曰：「聖人懷之，衆人辯之以相示也」（二／五八）（註二八），曰：「化聲之相待，若其不相待，和之以天倪，因之以曼衍」（二／九一至九二），凡此皆再再透顯其「法自然」之「不齊而齊」的圓教智慧。

牟先生說法自然則沖虛之德顯矣，莊子的「不齊而齊」也是來自眞君的朗照，眞君本是人的眞實主體，能讓眞君完全朗現就是聖人之德，然而〈齊物論〉中的聖人不在參贊天地之化育，而是「爲其脗合，置其滑涽，以隸相尊」，他不似「衆人役役」，而是達乎「愚芚」、「參萬歲而一成純」（二／七七至七八），郭象說：「芚然，無知而直往之貌。……唯大聖無執，故芚然直往而與變化爲一」（註二九），成玄英則說：「脗，無分別之貌也。置，任也。滑，亂也。……夫物情顛倒，妄執尊卑。

今聖人欲袪此惑，爲脗然合同之道者，莫若滑亂昏雜，隨而任之，以隸相尊，一於貴賤也」（註三〇），郭象的注及成玄英的疏，在莊學領域中有其權威性，其地位猶如王弼之注老，如果我們接受上述郭象及成玄英對〈齊物論〉中聖人境界（或曰聖人之德）的解釋意見的話，則所謂能齊「物」與齊「物論」之聖人，就是能朗現眞君，以無執的道心，任事事物物之千差萬別而千差萬別之，並千差萬別之事事物物，皆如其所如地一一成全者，換言之，〈齊物論〉所要表達的，如同〈逍遙遊〉一樣，也是消融對立，化解緊張，讓物我共榮的圓融境界，故王師邦雄說：

從平面而言，物不可齊，物論亦不必齊，若強不齊以爲齊，正是「以不平平，其平也不平」（〈列禦寇〉）的斬頭平等，必致傷生失眞而後已！以物我之分，來自形軀的定限；是非之別，來自心知的執取。若能離形去知，在眞君朗顯之觀照下，則「物」與「物論」，皆可不齊而齊之矣。（註三一）

又說：

〈齊物論〉既齊「物」，又齊「物論」。但是他不在物的本身齊「物」，也不在物論的本身齊「物論」。若以物論的本身去齊物論的話，就變成統一思想，那思想就沒有自由啦！這樣跟法家思想又有何異？……莊子是提供一個宇宙觀、一個世界觀。從最高的生命境界，最高的價値頂點，往下做一個觀照，衆生平等，這就是莊子眞正的「齊物論」。……「齊物論」是從最高的生命精神往下觀照，每一個物的存在，都是平等。每一個是非，每一門學問，或每一門學問

的專家，都有他生命的精采，這是整體的大肯定，這叫物我的同體肯定。（註三一）

〈逍遙遊〉與〈齊物論〉既皆以圓融的表達爲究竟，則和《道德經》偏多的對立句型相比較，顯然在表達風格上，老莊有所不同：老子長於批判，多分析地表達，莊子則隨說隨掃，現跡冥之圓融；老子有壁立千仞、高峭冷峻之剛毅，莊子則顯隨波逐流、飄逸洒脫之曠放；總而言之，老子是「超越區分」之分量多，莊子則「辨證融合」之理論足。然而表達風格之差異，並不意味義理內蘊的不同，事實上從超越的區分到辨證的融合是老莊思想的共同架構，他們的哲學內容都是依循這個架構而開顯發展的，而且在本質也有一致性；從思想史的演變角度來看，也許正因爲老子把前半截「超越之區分」講得如此細膩，才能使慧命相續的莊子將後半截「辨證之融合」更發揚光大；也許正因爲莊子慧眼獨具，能看出老子雖然「以本爲精，以物爲粗，以有積爲不足，澹然獨與神明居」（三三／五四至五五），可是老子「建之以常無有，主之以太一」（三三／五五至五六）的最後目的，還是「以空虛不毀萬物爲實」、「常寬容於物，不削於人」（三三／五六至六一），所以莊子立志效法此一「古之博大眞人」（二三／六二），終於能在思想人格上開顯出「獨與天地精神往來，而不敖倪於萬物；不譴是非，以與世俗處」（三三／六五至六六）及「應於化而解於物」（三三／六九）的圓融境界，〈天下〉篇的作者讚美莊子是「其於本也，宏大而辟，深閎而肆，其於宗也，可謂調適而上遂矣」（三三／六八），衡之「從超越之區分到辨證之融合」之義理架構，則莊子比老子更能顯豁「辨證融合」的智慧，無疑是其「調適上遂」處，但我們可不能忘記，如果沒有老子在前面立宗立本，則所謂「宏大而辟」、「深閎而肆」在莊子而言一定又是另外一種意義了。

叁、外雜篇和諧辨證觀的文獻舉證

「從超越之區分到辨證之融合」既然是老莊思想共同的義理架構，底下我們就以此架構形式爲線索，檢討莊書外雜篇與老莊之間的承繼關係。前面說過，老子首先發現世局所以動蕩、社會所以不安，是由於人的有心有執、亂動手腳，以致吹縐一池春水，因此老子極力反對人爲妄作，主張通過主體心靈的自覺，大刀闊斧地「去甚、去奢、去泰」（二九章），以回歸天眞自然。依此而言，老子思想中的超越區分當是以「天人之分」爲一切對立的總綱領，其辨證融合亦當是以「天人之合」——天即人、人即天——爲最高、最圓之理境，今試看〈達生〉篇曰：「不開人之天，而開天之天。開天者德生，開人者賊生。不厭其天，不忽於人，民幾乎以其眞」（十九／十六至十七），「德生」和「賊生」顯然有價值上的上下之別，而「德生」是由於開天（或曰開天之天），「賊生」是由於開人（或曰開人之天），則追根究柢，其價值區別實乃從天與人之區別而來，這和老子天人超越區分的概念是完全吻合的，更重要的是，〈達生〉篇的作者也認同道家智慧的圓融理境，以爲只要人能自覺地修養實踐，努力復現眞實的自我，必能使自己與天與人和悅相處，所謂「不厭其天，不忽於人，民幾乎以其眞」正表達了此一天人辨證融合的和諧境界，郭象注〈達生〉篇這一段話說：

不慮而知，開天也；知而後感，開人也。然則開天者，性之動也；開人者，知之用也。性動者，遇物而當足則忘餘，斯德生也。知用者，從感而求，勸而不已，斯賊生也。任其天性而動，則人理亦自全矣。民之所患，僞之所生，常在於知用，不在於性動也。（註三三）

他也展現了從「性之動」（開天）與「知之用」（開人）的超越區分到人理俱全的辨證融合之全幅過程，凡此種種，皆見〈達生〉篇之作者，實與老莊有英雄所見略同之共感。

其實像〈達生〉篇上述那種從批判反省到整體成全之架構形式的展露，根據我的考察，在外雜篇的其他篇章是不乏其例的，只是沒有在語句上那麼清楚對舉罷了，爲了證明此架構亦是外雜篇之通例起見，我每篇一例，外雜二六篇除〈達生〉、〈讓王〉、〈說劍〉、〈天下〉外（註三四）全盤舉證於后：

〈駢拇〉：

駢於明者，亂五色，淫文章，……多於聰者，亂五聲，淫六律，……枝於仁者，擢德塞性，以收名聲，……駢於辯者，纍瓦結繩，竄句遊心於堅白同異之間，……此皆多駢旁枝之道，非天下之至正也。彼至正者，不失其性命之情，故合者不爲駢，而枝者不爲跂，長者不爲有餘，短者不爲不足。（八／四至九）

〈馬蹄〉：

彼民有常性，織而衣，耕而食，是謂同德，一而不黨，命曰天放。……同乎無知，其德不離；同乎無欲，是謂素樸，素樸而民性得矣。（九／七至一一）

〈胠篋〉：

擢亂六律，鑠絕竽瑟，塞瞽曠之耳，而天下始人含其聰矣；滅文章，散五彩，膠離朱之目，而天下始人含其明矣；毀絕鉤繩，而棄規矩，攦工倕之指，而天下始人有其巧矣；……削曾史之行，鉗楊墨之口，攘棄仁義，而天下之德始玄同矣。彼人含其明，則天下不鑠矣，人含其聰，則天下不累矣；人含其知，則天下不惑矣；人含其德，則天下不僻矣。（十／二四至二八）

〈在宥〉：

汝徒處無爲而物自化。墮爾形體，吐爾聰明，倫與物忘，大同乎涬溟。解心釋神，莫然無魂，萬物云云，各復歸其根，各復其根而不知，渾渾沌沌，終身不離。若彼知之，乃是離之。無問其名，無窺其情，物固自生。（十一／五三至五六）

〈天地〉：

視乎冥冥，聽乎無聲。冥冥之中，獨見曉焉；無聲之中，獨聞和焉，故深之又深而能物焉，神之又神而能精焉，故其與萬物接也，至無而供其求，時騁而要其宿。（十二／十六至十八）

〈天道〉：

夫虛靜恬淡寂漠無爲者，天地之平，而道德之至，……夫明白於天地之德者，此之謂大本大宗，與天和者也；所以均調天下，與人和者也。（十三／五至十一）

〈天運〉：

怨恩取與諫教生殺八者，正之器也，唯循大變無所湮者，爲能用之，故曰：「正者正也」，其心以爲不然者，天門弗開矣。（十四／五四至五六）

〈刻意〉：

不刻意而高，無仁義而修，無功名而治，無江海而閒，不道引而壽。無不忘也，無不有也，澹然無極，而眾美從之。（十五／六至七）

〈繕性〉：

古之人在混芒之中，與一世而得澹漠焉。當是時也，陰陽和靜，鬼神不擾，四時得節，萬物不傷，群生不夭，人雖有知，無所用之，此之謂至之。當是時也，莫之爲而常自然。（十六／五至七）

〈秋水〉：

嚴乎若國之有君，其無私德；繇繇乎若祭之有社，其無私福；泛泛乎其若四方之無窮，其無所畛域。兼懷萬物，其孰承翼？是謂無方。萬物一齊，孰短孰長？（十七／四三至四四）

〈至樂〉：

萬物職職，皆從無爲殖，故曰：天地無爲也，而無不爲也。人也孰能得無爲哉？（十八／十三至十四）

〈山木〉：

既雕既琢，復歸於朴。侗乎其無識，儻乎其怠疑，萃乎芒乎其送往而迎來，來者勿禁，往者勿止，從其強梁，隨其曲傳，因其自窮，故朝夕賦斂而毫髮不挫。（二〇／二六至二八）

〈田子方〉：

夫水之於汋也，無爲而才自然矣；至人之於德也，不修而物不能離焉，若天之自高，地之自厚，日月之自明，夫何修焉？（二一／三六至三七）

〈知北遊〉：

物物者，與物無際，而物有際者，所謂物祭者也；不際之際，際之不際者也。謂盈虛衰殺，彼爲盈虛非盈虛，彼爲衰殺非衰殺，彼爲本末非本末，彼爲積散非積散也。（二二／五〇至五二）

〈庚桑楚〉：

宇泰定者，發乎天光；發乎天光者，人見其人。人有修者，乃今有恆，有恆者，人舍之，天助之，人之所舍，謂之天民，天之所助，謂之天子。（二三／四二至四四）

〈徐無鬼〉：

夫大備矣莫若天地，然奚求焉而大備矣？知大備者，無求、無失、無棄，不以物易己也。反己而不窮，循古而不摩，大人之誠。（二四／七二至七三）

〈則陽〉：

四時殊氣，天不賜故歲成；五官殊職，君不私故國治；文武〔殊能〕，大人不賜故德備；萬物

殊理，道不私故無名，無名故無爲，無爲而無不爲。（二五／六二至六四）

〈外物〉：

夫尊古而卑今，學者之流也，且以狶韋氏之流，觀今之世，夫孰能不波？唯至人乃能遊於世而不僻，順人而不失己。彼教不學，承意不彼。（二六／三六至三七）

〈寓言〉：

卮言日出，和以天倪，因以曼衍，所以窮年，不言則齊，齊與言不齊，言與齊不齊也，故曰無言。言無言，終身言，未嘗言，終身不言，未嘗不言。有自也而可，有自也而不可，有自也而然，有自也而不然。惡乎然？然於然；惡乎不然？不然於不然；惡乎可？可於可；惡乎不可？不可於不可。物固有所然，物固有所可，無物不然，無物不可，非卮言日出，和以天倪，孰得其久？（二七／五至九）

〈盜跖〉：

無爲小人，反殉而天；無爲君子，從天之理。若枉若直，相天而極，面觀四方，與時消息；若是若非，執而圓機，獨成而意，與道徘徊。無轉而行，無成而義，將失而所爲；無赴而富，無殉而成，將棄而天。（二九／七一至七三）

〈漁父〉：

眞者所以受於天也，自然不可易也。故聖人法天貴眞，不拘於俗；愚者反此，不能法天，而恤

於人，不知貴眞，祿祿而受變於俗，故不足。（三一／三七至三九）

以不平平，其平也不平；以不徵徵，其徵也不徵。明者唯爲之使，神者徵之，夫明之不勝神也久矣，而愚者恃其所見，入於人，其功外也，不亦悲乎？（三二／五十至五二）

〈列禦寇〉：

透過義理架構的比對，我們確認外雜篇在表達方式上，是鑾合乎「全德葆眞」之型態，這對於莊子後學與老莊承繼關係的認定上，是一項有效的證據。也許義理架構的吻合表面上看來只是一個很粗略的必要條件而已，但如果義理架構本身就是一個特色，則又另當別論了，更何況，在整個比對的過程中，我並非以抽象數字或符號作校準，乃是拿具備完整意義的文句來仔細地勘定，這種比對也不完全只是形式上的對照而已。總之，基於這項比對結果的自信，首先我認爲莊子後學雖然不必絕對等同於老莊，但是在「全德葆眞」這個大原則上，外雜篇的作者是承接道家之統緒而不違背老莊的。其次，根據此一比對結果，以及在本章註三四中，我對〈讓王〉、〈說劍〉的特別考察，我懷疑〈讓王〉與〈說劍〉的可靠性；由於這兩篇除了在表達方式上不具備外雜篇其他篇章的共同特色，缺少「從反省批判到同體肯定」的模態外，在內容上，一個又近乎子華子的「全生」、「貴生」，一個又如戰國策士之機智辯巧，完全不似老莊的灑脫天眞，也沒有老莊同體肯定的智慧，所以我認爲它們應該被剔除，不能列入莊子後學的範圍內，換言之外雜篇中能代表莊子後學的作品，頂多只有二十四篇而已，是爲本節之另一結論。

【註釋】

註　一：參見陳榮捷先生〈戰國道家〉，文收《中央研究院歷史語言研究所集刊》四四本三分。一九七二、十月。

註　二：陳奇猷先生《呂氏春秋校釋》頁一〇九二；台北華正翻印，一九八八。

註　三：〈戰國道家〉，集刊頁四七八。

註　四：陳奇猷先生前揭書頁七五。

註　五：如《慎子》四十二篇在法家；《尹文子》一篇在名家；《宋子》十八篇在小說家。見點校本《漢書》頁一七三五、一七三六、一七四四；台北洪氏翻印，一九七五。

註　六：《道德經．四一章》：「質眞若渝」，《帛書老子》隸書本原句缺，小篆本作「質眞如渝」，樓宇烈先生《校釋》仍無改動，蔣錫昌先生依劉師培之意，以爲眞乃悳之誤，而悳是德的正文，故當作「質德若渝」（參見氏著《老子校詁》頁二七六）；嚴靈峰先生則以爲眞乃道之形誤，並舉莊書〈天運篇〉、〈刻意篇〉爲證；參見氏著《老子達解》頁一八〇。

註　七：參見舒詩玫先生〈老子道德經中「常」一概念的淺析〉，文載《鵝湖月刊》第一三〇期。台北鵝湖，一九八六、四。

註　八：惟大方無隅、大象無形才能不被一器一物所限，而爲無用之大用，故老子說：「有之以爲利，無之以爲用。」（十一章）吾人把「德不形」解爲「德不役於形」，正合乎吾人對老莊義理之一貫詮釋。

註　九：憨山大師說：「言才者，謂天賦良能，即所謂性眞，莊子指爲眞宰是也。言才全者，謂不以外物傷戕其性，乃天性全然未壞，故曰全。」（《莊子內篇註》卷三頁十八至十九）大師把「才」當做性眞、眞宰，頗為中肯，他在注「德之（者）成和之修」時又說：「言虛明朗鑑，乃德之成，蓋從中和用功，修而後得者，非漫然也。」（前揭書卷三頁二一）虛明朗鑑猶無執無私可以觀照天地萬物之至人心靈也。

註　十：《莊子內篇註》卷三頁二二。

註十一：眞君、眞宰若就字面上去翻譯，可稱之為眞實的領導者、眞實的主持者，我們把它理解為生命主體，其實是比較留意「君」跟「宰」的意思，「眞」在這裡的地位可能是輔助性的，它被當形容詞使用，有加強語氣的效果；若眞人、眞知的「眞」則不然，眞人眞知的「眞」在語句結構上顯然負有本質判斷的任務，也就是說，眞人眞知成立的充要條件是在「眞」，「眞」是決定性的地位，而非輔助性者，它雖然同樣是形容詞，但分量之輕重卻顯然不一樣了。

註十二：其實在〈齊物論〉中，早就有「眞」做名詞用的例子，如：「其有眞君存焉？如求得其情與不得，無益損乎其眞」（二／十七至十八），但如註十一中所分析，此處的「眞」還是不能脫離「君」跟「宰」而被單獨認定，所以即使它被當名詞使用，卻只能看做是修辭格上的轉品借代，用以指陳君的眞實性恆存性，而不能說「眞」就是眞君，就是生命主體。

註十三：參見《莊子集釋》頁二四五至二四六。

註十四：《莊子解》頁六一及《莊子南華經解》頁六三。

註十五：劉笑敢先生在《莊子哲學及其演變》一書中，依照他所提出的「窮舉對比法」，將莊書外雜篇與內篇同異關係較爲明顯的全部原文資料，進行統計比較，結果發現外雜篇的內容可區分爲三大類：一是闡發內篇的第一類，包括〈秋水〉、〈至樂〉、〈達生〉、〈山木〉、〈田子方〉、〈知北遊〉、〈庚桑楚〉、〈徐無鬼〉、〈則陽〉、〈外物〉、〈寓言〉、〈列禦寇〉等十二篇，這一類又稱述莊派；二是兼容儒法的第二類，包括〈在宥〉第二段以下、〈天地〉、〈天道〉、〈天運〉、〈刻意〉、〈繕性〉、〈天下〉等七篇，這一類又稱黃老派；三是抨擊儒墨的第三類，包括〈駢拇〉、〈馬蹄〉、〈胠篋〉、〈有宥〉第一段、〈讓王〉、〈漁父〉、〈盜跖〉等七篇，這一類又稱無君派；至於〈說劍〉，因無關於莊子思想，該篇中所提及之莊子恐是莊辛而非莊周，故應該剔除而毋庸歸類。劉先生的論證詳見於該書頁五八至九三，他這項研究成果在當今莊學領域裡頗獲肯定，不過我的研究基點和劉先生不太一樣，劉先生基本上是先以莊書內篇中對儒墨的態度做爲標準，然後去檢證外雜篇與內篇的同異，並據此結果將外雜篇區分爲三大類，我卻是以「反反以顯眞」、「全德葆眞」爲圭臬，去反省外雜篇的思想，看看它們能不能有「合同異」的理由，因爲我認爲外雜篇在以前之所以能被列在莊書中，一定有它內在的義理原因，今天我做的，就是在尋找並證成此一內在的義理關聯，我承認外雜篇的表面內容是非常複雜且出入頗多的，但如果內在的義理是一致的話，則表面的出入將只是荃蹄之不同，當不能影響其魚魚兔兔之如如也。

註十六：剩下的十八章是：六、十四、二五、二八、三一、三四、三六、四〇、四五、四九、五一、五四、五九、六一、六二、六六、六八、八〇等，這其中又只有三一、四〇、五九、六一、六二等五章不是遮詮的形式。

註十七：這十七章是一、七、十三、十五、二二、二三、二七、三七、四七、四八、四九、五二、五六、五七、六三、七五、八一等。

註十八：徐復觀先生說：「莊子對精神自由的祈嚮，首表現於逍遙遊，逍遙遊可以說是莊書的總論。」見《中國人性論史・先秦篇》頁三九三。又王師邦雄也說：「逍遙遊是莊子哲學的總綱。」並確定〈逍遙遊〉是在說明生命由小而大、由大而化之超拔提升；參見《中國哲學論集》頁六四。

註十九：王師邦雄說：「逍遙遊之由小而大，由大而化的成長飛越，以求得生命的超拔提升；齊物論之喪我因是離形去知的眞君明照，由是而有物我的同體肯定。」見《中國哲學論集》頁八六。

註二十：消化封限而歸於玄德，令萬物皆各歸根復命而得自在，此可曰道家圓教之存有論。玄德者，沖漠無朕、清虛自守之眞實自我是也，惟無己、無功、無名之至人、神人、聖人能之，換言之，所謂道家之圓教，乃根於一通體是無執的心靈，當下如萬物之所是而是之，使物我皆能如如自得自存之圓教也，故道家是以作用的保存來說明萬物的實現，其存有論是無執的存有論，其圓教是作用的圓，此義乃牟宗三先生對於道家義理之原創性解釋，本論文在前引《才性與玄理》、《現象與物自身》與《中國哲學十九講》等牟先生之大作中，對此皆有批露，至於道家之圓教智慧，牟先生則在《圓善論》（台北學生　一九八五）的頁二八〇至三〇五中作更詳盡的說明，事實上牟先生在該處大談道家之圓教，主要是以向郭逍遙遊注爲材料，從跡冥論與獨化論的意義闡發，以準確掌握道家「與物冥而循大變」之境界型態之圓境，牟先生的陳述，精緻細膩且勝義屢出，此處難以三言兩語交代清楚，惟根據牟先生的詮釋內容，我們可以發現幾處和本論文有關的佐證：一、牟先處理道家圓教理論時，首先提到融通淘汰、蕩相遣執的妙用，並據《道德經》第三八章及王弼之「絕聖而後聖功存，棄仁而後仁德厚」的慧語來說明「作用的保存」之玄義，接著當他又具體的導引顯發道家圓慧時，則除了在材料上曾提到《道德經》第四二章外，在內容說明上完全根據內七篇之六篇（〈人間世〉未引到），間及外雜篇中之〈山木〉與〈庚桑楚〉，然後輔以向郭之注，吾人在正文中曾提及老子較傾於超越之區分，莊子較傾於辨證之融合，從牟先生之文獻運用的比例輕重，又可見一斑；二、有關老莊之年代前後問題，從圓教智慧的提出與完熟看，顯然在牟先生的詮釋系統中，是認定老子先於莊子，此與本論文之立場一致；三、以「返樸抱一」、「全德葆眞」爲線索，來探討老莊智慧的開顯及外雜篇的思想底蘊，是本文論述的動機，此顯然較偏重主體心靈的修養義之探討，若道家苟如牟先生所說，乃是境界型態之圓教的話，則此一選擇，無疑在道家智慧之詮詁上，是較貼切的了。

註二一：《中國哲學論集》頁六五至六六。

註二二：極端貶抑莊子哲學之價值，說莊子是「阿Q式地自我欺騙，追求幻想中的精神解脫」，說〈逍遙遊〉是「論述向幻想世界追求的阿Q式（或鴕鳥式）的絕對自由論」的，是大陸學者關鋒先生，參見氏著《莊子內篇譯解和批判》緒論部分；北京中華，一九六一。

註二三：劉笑敢先生說：「莊子在現實生活中是一個命定論者，他精神自由是在命定論的基礎之上幻演出的海市蜃樓。……莊子的自由是純精神的自我安慰，是空虛的遐想，是逃避現實的結果。」見《莊子哲學及其演變》頁一六二至一六三。

註二四：參閱李玉柱《莊子齊物論思想之詮釋與建構》第二章〈齊物論篇名及作者之研討〉；私立中國文化大學哲研所碩士論文，一九八八，六月。

註二五：《老子周易王弼注校釋》頁六五。

註二六：《才性與玄理》頁一五四。

註二七：郭象注「兩行」曰：「任天下之是非。」見《莊子集釋》頁七四。

註二八：郭象注此句曰：「以不辯爲懷耳。聖人無懷。」見《莊子集釋》頁八六。

註二九：《莊子集釋》頁一〇二。

註三〇：《莊子集釋》頁一〇一。

註三一：《中國哲學論集》頁七二。

註三二：《中國哲學論集》頁二一一二。

註三三：《莊子集釋》頁六三八至六三九。

註三四：〈達生〉、〈天下〉不引，是因爲已經敘述過，不再重複；〈說劍〉則是無例可引，據此亦可佐證〈說劍〉非莊子學派作品。〈說劍〉的行文類似〈戰國策〉，對莊周言行描述，又如同策士一般，其於老莊義理沒有一字提及，也沒有可以相互發明的地方，實在不是莊學的作品，此外，郭象對〈說劍〉也完全沒有贊一言，可見郭象原本就認為〈說劍〉在莊子思想上，絲毫沒有什麼發揮之處，而他在刪訂過程中之所以仍保留〈說劍〉，恐怕是礙於歷史知識之不足，將篇中的主角認定是莊子，而將此篇視為莊子之傳記史料故也。〈讓王〉亦是無例可引，我也把它剔除在莊子學派之外。我認為〈讓王〉之所以被列入外雜篇，唯一的理由是它裡面所敘述的人物故事，是大家所熟悉者，於是可以拿來作借喻，一方面反映出，道家對於誤以天下為可貴之君王的不屑，另方面表示對君王妄動有為，帶來人間災害之不滿，除此之外若純從義理內容來衡定，它不應被視為莊子繼承者的作品。〈讓王〉內容純粹是故事的組合，這些故事可以分為三類：第一類要求「完身養生」，反對「危身棄生以殉物」（二八／二八），此為全篇之主幹，包括六則故事：最前面二則堯舜讓天下的故事，在強調不以天下害己生、易己生；大王亶父遷岐山的故事，在強調不見利輕亡其身；王子搜不肯為越君的故事，在強調不以國傷生；子列子退鄭子陽之粟的故事，在強調不因近利而速禍；瞻子謂中山公子牟的故事，在強調重生輕利。第二類要求安守其道，拒絕外物之誘惑，包括七則故事：善卷不受舜讓天下的故事，在強調不以天下易己心之自得；顏闔避魯君之幣的故事，在強調不以富貴易其道；屠羊說謝楚昭王之賜的故事，在強調不以爵祿易其義；原憲謂子貢的故事，在強調不因輿馬之飾以阿俗媚世、慝其仁義；曾子居衛的故事，在強調忘懷得失，素貧賤而常樂；孔子謂顏回之故事，在強調知足自得，不以利自累；孔子窮於陳蔡的故事，在強調抱仁義之道以應世，不以窮通而易其守道之樂。第三類意在凸顯隱士清流自任，雖死亦不受塵垢污染之高義，包括北人无擇自投清冷之淵、卞隨自投椆水、瞀光自沈廬水、伯夷叔齊餓死首陽等故事。在這三類故事中，以第三類人物的行徑最不像道家，因爲他們沒有淡然無繫、得失無概於懷的灑脫，反而呈現出烈士慷慨赴義般的「高節戾行」（二八／八六）；第二類則沒有特色，蓋忘懷得失、無入而不自得，或堅守原則、拒絕誘惑等等，是大家都可以說的，且事實上在第二類的故事中，對儒者的描述又多於道家；第一類應該是本文的重點，很清楚可以看出，這一類是屬於廣義道家人物中全生、貴生之流的主張，它和子華子的關係恐怕比較直接。我認爲在老莊「全德葆眞」的圓教系統下，固然可以有「全生」的要求和境界，但若是眞正老莊的好子弟，則絕對不會爲了「全生」，就率然完全封閉自己，放棄對天下萬物之關懷，而說出像「道之眞以治身，其緒餘以爲國家，其土苴以治天下。由此觀之，帝王之功，聖人之餘事也，非所以完身養生也」（二八／二七至二八）這種自了漢的告白的。總之，〈讓王〉是不類於莊子思想而近於子華子的，郭象在本篇的注中，只有寥寥三處，其中有兩處又是以質疑的口氣對文章內容提出反省，這在整個郭象注莊的作品中是蠻特別的，我認爲若非基於借喻的理由，恐怕〈讓王〉也會被郭象刪掉。

最後需要再一提的是，〈讓王〉中的故事，據錢穆先生《莊子纂箋》頁二三三至二四一所述，又見於《呂氏春秋》之〈貴生〉、〈離俗〉、〈審爲〉、〈觀世〉、〈愼人〉、〈誠廉〉、《淮南子》之〈道應〉、〈齊俗〉，《韓詩外傳》之〈廉稽〉、〈曾子任〉，《新序》之〈節士〉，姑不論這些故事是誰模仿誰，但它們一定是常被口語相傳而爲大家所熟悉，否則不會被這麼多的文獻所共同引用，所以我斷定，〈讓王〉之所以能留在外雜篇的唯一理由是，裡面故事的知名度高，透過它們的借喻手法，可以表達某些老莊之理念（即「全德葆眞」之部分面向，如反省批判、天人對立等），如此罷了。

第四章　莊書外雜篇生命超昇的依據與極成

前　言

在第三章裡面，我們已經從文獻語彙之遞邅與義理架構之承繼，在形式上肯定了莊書外雜篇（除〈讓王〉、〈說劍〉外）和老莊的血緣關係，爲了證明他們之間亦必有其內在的義理牽連起見，在第四章中，將以〈讓王〉、〈說劍〉之外的外雜二十四篇爲依據，實質地檢討其所蘊含之生命哲學的底蘊，而在論證的過程中，爲了達到簡約與精準的要求，將先以老莊生命哲學相關之概念，做爲探討外雜篇的材料取捨標準，接著以篇爲單位，根據相關文獻來釐清其確實之意義，最後再歸納比較各篇的結論，以得出整個外雜篇生命哲學的共同理想。

復次，在掌握外雜篇道、德、眞、樸等重要概念的同時，難免要把老莊的想法一起帶進來，由於在前三章中，老莊思想已經做了交代，所以在討論外雜篇時，凡有引述老莊者，均取其結論，不再分析求證。

凡是生命哲學其最主要之探討內容，莫外乎何謂生命意義的圓現、人格理想如何證成等課題，而它整個思考或關懷的焦點，勢必離不開成聖成道或成仙成佛之依據與化境。在老莊「返樸抱一」或「全德葆眞」的智慧理想中，做爲人實踐依據的內在主體，以及此主體之充其極朗現所證成之圓融理境，其實是相通的，如果說它們之間有什麼不同的話，那就是果位與因位的差別，更具體地講，因位的內在主體是成道成德的依據，果位的圓融理境是內在主體如如朗現的生命境界。老莊又認爲，主體的朗現，是讓開一步，使萬物滋長，而共同取得和諧，這和儒家以「參贊天地之化育」和「人文化成於天下」來證成生命意義的圓現是絕對不同的，那外雜篇又是怎麼呢？底下我們就來關心這個問題。

第一節　恬淡無爲素樸天放的人性論

壹、雜篇中的人性論

老子的主體是德，莊子的語彙比較豐富，除前面提過的心、宗、靈府、眞宰、無假、攖寧之外，〈齊物論〉之「眞君」、「天府」、「葆光」（二／十七；六一；六二），〈養生主〉之「神欲」（三／六），〈人間世〉之「無疵」，〈德充符〉之「才」、「和」（五／四二；四七），〈應帝王〉之「渾沌」（七／三三），亦無一不是主體之通名；此主體之全盡，莊子在〈應帝王〉中形容是：「遊心於淡，合氣於漠，順物自然，而無容私焉」（七／十），〈大宗師〉更一言以蔽之曰：「反（返）其眞」（六／六四）。在外雜篇中，對於主體之稱呼，其歧異比起內七篇有過之而無不及，但迴異於《

道德經》與內七篇之通例而自鑄偉辭的，則是它的人性論。

在《道德經》中，常德是眞實的自我，也是超越道體之內在化的天生本然；依照「生之謂性」的傳統說法，凡天生者皆可以名之曰性，故德之做爲人的主體，將它喚作本眞自性並無不妥。《道德經》和南華七篇都沒有出現過「性」字，但在外雜二十四篇中，除〈至樂〉、〈田子方〉、〈外物〉、〈寓言〉、〈天下〉外，處處可見性字，並且有天性、情性、性情、性命、性命之情等複合語之使用情形，惟老子的「德」本具有超越之意義，此「德」之符應於「生之謂性」的傳統，能被視之爲「性」，是就「德」之在於人乃先驗之普遍者以立言，而非人一切天生的實然都可以叫做「德」或「性」；舉例來說，「心」天生就會能知，「形」天生就會有欲，然心知和形欲卻只是實然的本能，它們都不是「德」、不是「性」，惟無執的知和無私的欲才可以說「德」、才可以說「性」；無執的知和無私的欲是知欲之自自然然、完全不受牽引、拉扯者，那是不「開其兌」、不「濟其事」而「無以生爲」（五二；七五章）的虛靜之心知與嗇儉之形欲，約而言之，就是一個「樸」字，故老子說：「常德乃足，復歸於樸」（二八章），又說：「道常無名樸」（三二章），凡天生之自然就是以此合於道、合於德的樸性而被稱之爲性，若無此樸性而只見其分別之功能與欲求之本領，則雖然也是與生所俱來者，卻不能認定是本然之性。

明乎此，我們據之以檢索外雜篇中之性字，結果發現除〈天地〉之「聰明叡知，給數以敏，其性過人」（十二／二三）、〈刻意〉之「水之性不雜則清」（十五／十六）、〈秋水〉之「鴟鵂夜撮蚤、察毫末，晝出瞋目而不見山丘，言殊性也」（十七／三七）、〈山木〉之「人之不能有天，性也」（二〇／六一）、〈知北遊〉之「性命非汝有，是天地之委順也」（二二／二六）、〈盜跖〉之「夫欲惡避就，固不待師，此人之性也」、「求盡性竭財，單以反一日之無故，而不可得也」（二九／八五至八六；九八至九九）、〈漁父〉之「孔氏者，性服忠信，身行仁義」（三一／五）等寥寥幾處外，其餘幾乎無一不是就人之眞實自我來說性（註一）。再者，如以外篇、雜篇分開比較的話，雜篇中出現的性字要比外篇少很多，但觀念却依然十分完備，如果能先釐清雜篇中此等少數而有效的文獻，以貼切掌握其人性概念的話，則隨後對於外篇人性論的處理，就能節省一下篇幅，所以本節就從雜篇的人性論先談起。

※　※　※　※

雜篇有關人性的文獻，以〈則陽〉最具代表性，意義也較顯豁，〈則陽〉說：

聖人達綢繆，周盡一體矣，而不知其然，性也。（二五／九）

「達綢繆周盡一體」是解除糾葛、物我和諧的意思，「不知其然」並非說人心無法知其然，乃是心知不介入，純粹依順萬物之自然而無見亦無得的意思，聖人之所以能全證和諧之圓滿理境，正是有這一段功夫在，其並不以德慧術知鳴高，反而是要心齋坐忘，而〈則陽〉的作者說這就是「性」，則此性必非習氣之性，乃無執無私之本性，並具超越義而爲人眞正之主體者。〈則陽〉又說：

生而美者，人與之鑑，不告，則不知其美於人也；若知之，若不知之，若聞之，若不聞之，其可喜也終無已，人之好之亦無已，性也。聖人之愛人也，人與之名，不告，則不知其愛人也；若知之，若不知之，若聞之，若不聞之，其愛人也終無已，人之安之亦無已，性也。（二五／十二至十四）

此云性乃超越於心知之上，而不被形之美與不美、名之聖與不聖所牽引者，惟其如此，故人之既美且聖能護持本性者，其自喜、愛人也終無已，而別人對他亦好之、安之而不可已。性既爲人之主體，乃生命意義圓現之依據與歸趣，故不可須臾之或離，更不能粗率以相待，否則欲惡之情伺機而起將一發不可收拾，必病至於死而後止；而所謂粗率以相待，莫過於有心有爲之衆然並起；蓋其扶助形欲之膨脹，終必牽引清虛之本性，使人迷失自我而不可免於內外之患也，故〈則陽〉之作者警告世人說：

今人之治其形、理其心，多有似封人之所謂，遁其天，離其性，滅其情，亡其神，以衆爲。故鹵莽其性者，欲惡之孽，爲性萑葦蒹葭，始萌以扶吾形，尋擢吾性，並潰漏發，不擇所出，漂疽疥癰，內熱溲膏是也。（二五／四〇至四三）

※　※　※　※

雜篇中論及人性的另一篇重要文獻是〈庚桑楚〉。它說：

道者，德之欽也；生者，德之光也；性者，生之質也。（二三／七〇）

這是對性下定義，也肯定了道、德、生、性四者之間的相容關係。先解「道者德之欽」。欽，錢穆先生認爲是廞的假借，廞者陳列也，錢先生故云：「德之布散陳列（此皆欽字義，欽假作廞）斯爲道，此即中庸率性之謂道也」（註二），然《中庸》是先從「天命之謂性」說下來，其次才說「率性之謂道」，前後兩句必相連屬，才可能含蘊即天即性即道之意義（註三），今若依錢先生之疏解，則道之超越義完全不顯，德之超越的根源亦不可知，其於道家智慧之精彩處，恐不無失之交臂之嫌。依吾意，欽當如其本字而取其欽仰、仰慕之意，《道德經》說：「道，沖而用之，或不盈，淵兮似萬物之宗」（四章）、「孔德之容，惟道是從」（二一章），兩章一起說明了道是萬物之宗主而爲人之天生自德所景從者，將「欽」解作欽仰、仰敬，則「道者德之欽」正符應此意，此外，陳壽昌說：「道法自然，天德之所貴也，故曰德之欽」（註四），可見吾人亦非孤明先發也。

次說「生者德之光」。《道德經》第十章和第五一章分別從聖人之玄德與天道之玄德來說「生之畜之」，如果我們將上句「道者德之欽」的德認定是人的孔德或天德的話，則第二句的德亦應繼承其意，依是，第二句的生當爲聖人玄德之作用的生，又〈庚桑楚〉說：「宇泰定者，發乎天光；發乎天光者，人見其人。人有修者乃今有恒；有恒者，人舍之，天助之；人之所舍，謂之天民，天之所助，謂之天子」（二三／四二至四四），此言人之心閒氣定（依老莊義，必專氣致柔，心齋坐忘才可言心閒氣定）必流露自然之光彩，而呈現出眞正自我，此眞正之自我代表著人之永恒價値，且爲天下人所歸止與天道之肯定者，內篇〈人間世〉說：「瞻彼闋者，虛室生白，吉祥止止。夫且不止，是之謂坐馳。夫徇耳目內通而外於心知，鬼神將來舍，而況人乎！是萬物之化也，禹舜之所紐也，伏戲几蘧之所行終，而況散焉者乎」（四／三二至三四），〈庚桑楚〉所云「天光」或「德之光」正如〈人間世〉所之「虛室生白」，其能「吉祥止止」而爲「萬物之化」，則「生」之義大矣哉。

再說「性者生之質」。上句「生者德之光」的「生」偏重聖人玄德之作用義，此句的「生」則偏就萬有的存在說，若以人而言，生就是人的生命，依老子，人的生命根據和保證是來自於道或德，有道（德）才會有生之可能，無道（德）則生亦不存在，則老子之所謂「生」必具有一價值之意義，而非只是生物性之實然而已，據此，性之能做爲人的生命本質，當必與道（德）之意義有連續之關係，它不可能是認知意義上，形構原則之類概念的性，而應當是具超越義、能做價値實踐之依據的生命主體性，否則的話，〈庚桑楚〉載老子謂南榮趎曰「汝欲反汝情性而無由入，可憐哉」（二三／二九），其「反汝情性」一語就難以理解。

〈庚桑楚〉中「性」之主體義已然確立，〈庚桑楚〉復云：「性之動謂之爲，爲之僞謂之失」（二三／七〇至七二），「動」猶《道德經》「虛而不屈，動而愈出」（五章）的動，《道德經》又說：「聖人處無爲之事行不言教」（二章）、「爲無爲，事無事，味無味」（六三章），原來道家所謂之天德流行亦只是清虛寡欲以任物之自然而已，絕無體天立極以人爲去裁成輔相、補綴乾坤之擔負，甚且視人爲即造作，有妨生命之自然，換言之，凡人爲之起，老莊皆視之爲人之悖離天眞本德者，今〈庚桑楚〉的作者亦認爲本性若動之以人爲，就是本性的喪失，這完全附和了老莊的意思，不同的，只是他用「性」來代替「德」罷了。然性與德可以直接轉換，也證明了兩者之間的同一關係。

也許有人會質疑，我憑什麼理由直接就用老莊做註腳來認定〈庚桑楚〉中道和德的意義，我想這個不難回答，試看〈庚桑楚〉中下列三段文獻：

老子曰：「衛生之經，能抱一乎？能勿失乎？能無卜筮而知吉凶乎？能止乎？能已乎？能舍諸人而求諸己乎？能翛然乎？能侗然乎？能兒子乎？兒子終日嗥而嗌不嗄，和之至也；終日握而手不掜，共其德也；終日視而目不瞚，偏不在外也。居不知所爲，與物委蛇，而同其波，是衛生之經已。」（二三／三四至三七）

夫至人者，相與交食於地，而樂交乎天，不以人物利害相攖；不相與爲怪，不相與爲謀，不相與爲事。翛然而往，侗然而來，是之謂衛生之經已。（二三／三八至四〇）

富貴顯嚴名利六者，勃志也；容動色理氣意六者，繆心也；惡欲喜怒哀樂六者，累德也；去就取與知能六者，塞道也。此四六者不盪胸中則正，正則靜，靜則明，明則虛，虛則無爲而無不爲也。（二三／六八至七〇）

這些文獻毋庸吾人再費辭，其同於老莊昭然若揭，故吾人以《道德經》與南華七篇對校〈庚桑楚〉之人性論，是能被允許的，經對校之後，而得出「性爲人之主體並可以和德共名」之結論，亦當被接受方是。

※ ※ ※ ※

雜篇中論及性的文獻還有兩處，一是〈徐無鬼〉的：「馳其形性，潛之萬物，終身不反，悲夫」（二四／三八）；一是〈列禦寇〉的：「仲尼方且飾羽而畫，從事華辭，以支爲旨，忍性以視民」（三二／二七）。「潛之萬物」猶汨沒於萬物之欲海情壑也，「忍性以視民」猶矯飾其自然之性以誇示於民也，則此兩節亦不失爲〈則陽〉與〈庚桑楚〉人性概念之註腳。

貳、外篇中的人性論

雜篇有關「性」字之文獻，前面已全部羅列並處理，細繹其意，實皆不出老莊本懷，王船山說：「外篇文義雖相屬，而多浮蔓卑陋之說；雜篇言雖不純，而微至之語，較能發內篇未發之旨」（註五），今再析論外篇之性概念，以評估王船山之斷語是否公允。

※ ※ ※ ※

外篇中性字出現最多次的是〈駢拇〉，計有十九處，而與〈駢拇〉風格及關懷都十分接近的〈馬蹄〉也有五處之多，這兩篇加起來，論性的文字幾乎就佔去外篇的一半，不過這兩篇的反省對象都不在人生命本身的習氣情欲，而是針對外在的宰制，尤其是對仁義禮法、德目教條，表達了強烈的批判，老子「絕聖棄知」、「絕仁棄義」的峻峭立場以及莊子「順物自然而無容私」的解放態度，在這裡被綜合在一起，而以近乎偏激的詞彙來陳述，此招致王船山的不滿，而被他痛斥為「忿戾詛誹，徒為輕薄以快其喙鳴」（註六），兩篇的作者誠難辭其咎也，但無論如何，這兩篇仍然是以老莊對人性的了解為關懷的起點；它們將「仁義之行」與「聰明之用」（八／三）視之為生命的岐出，強調人的行為應順乎本性的自然，無執無欲，無適無莫，以全道德之至正，這是完全符合老莊格調的，陳鼓應先生評論〈駢拇〉說：

> 本篇全文依循一個主題來寫，一面力闢「淫僻於仁義之行」、「多方於聰明之用」為生命的岐出，是削性侵德的行為，悖逆了人性的自然；一方面闡揚「任其性命之情」，強調人的行為應順乎本性的自然。……這和內篇養生主：「因其固然」的順應自然，以及應帝王：「順物自然而無容私焉」的無治主義是同一思路的發展，不過文字表現為激烈露骨而已。（註七）

他又評論〈馬蹄〉說：

> 本篇力闢政治的為害，並勾劃出「至德之世」的生活情境——在一個抽離政治壓力的烏托邦中的自由人的生活情境。……至德之世的描繪，含有否定現狀的意義，對於現實政治的酷烈性及文明社會的貪戾與反人性，有強烈的批判意義。

陳先生的斷語大致是不錯的，今再將這兩篇的旨趣，約略再予講明。

※　※　※　※

先說〈駢拇〉，〈駢拇〉之重點，可約之爲三：

一、「臧於其德」與「任性命之情」（八／二九；三〇）是人生的眞正歸宿，凡順性命之自然才是善於體會眞實之自我者，從現實的實踐說，希望人性的暢通無阻，首先就是要超越聲色犬馬的誘惑，從五光十色的紅塵滾滾中解脫自己；其次要洞悉教條口號的虛情假意，一方面不讓自己受這些教條的擺布而患得患失，另一方面，自己也不會藉仁義去妄斷世人的善惡，造成人我之間的疏離與計較；最後則要認清一切聰明巧知都是凡慮俗計，千萬不可以知識才能的多寡來劃分人的賢與不肖，將彼此隔成圈圈的藩籬；苟能如此，就是「不失其性命之情」能「遊乎道德之間」（八／八；十六）之至正者。

二、仁義名言是使人迷失自己的最大誘因，有仁義的標榜，就會讓人忘記性命之情，而一味迎合外在的毀譽；有名言的鼓動，就會讓人迷失自然之我，而完全投入在權位名利的運動場；常見一般人歌頌曾史的賢，讚美楊墨的知，殊不知曾史楊墨是在人的自然本性上加蓋違章建築，此猶如在人的四肢連無用之肉（駢拇）、樹無用之指（枝指）一般，爲原本和諧自然的人生埋下「決之則泣」、「齕之則啼」（八／十一）的禍端，蒼生此後將囂囂攘攘，惶惶不可終日。

三、三代以下至於今，社會所以動蕩，世局所以不安，皆因世人「莫不以物易其性」（八／二〇），拿外在的仁義名言來枝離內在的生命性情，且迷不知返，致使野心的統治者有機可乘，不斷地用仁義名言做釣餌，驅遣天下百姓做他遂行私欲的奴隸，仁義名言竟然成了殘生損性的工具，依此類推，曾史楊墨也成了殘生損性的推波助瀾者，故人若想免於塗炭，就不當再「淫僻於仁義之行，而多方於聰明之用」（八／三），做出種種「擢德塞性」（八／五）的事情。

※　※　※　※

其次說〈馬蹄〉。本篇是老子「我無爲而民自化，我好靜而民自正，我無事而民自富，我無欲而民自樸」（五七章）的另一種方式表達，文中作者以伯樂治馬爲喻，說明人爲宰制對自然生命造成的傷害，極力主張回歸「其行塡塡，其視顚顚」、「天放」、「素樸」（九／七至八；一〇）的原始自由人社會，文中對於禮樂政刑、仁義文制皆強力抨擊，而對草莽洪荒充滿浪漫的憧憬，並美之爲「至德之世」（九／七），後人常譏諷爲退化史觀、走歷史的回頭路，然吾人對其卻有另外一種同情的了解。

老子主張「復歸於樸」（二八章），《道德經》第八〇章更說：「小國寡民，使有什佰之器而不用，使民重死而不遠徙，雖有舟輿，無所乘之，雖有甲兵，無所陳之，使人復結繩而用之」，故也有人懷疑老子是退化史觀的始作俑者，但吾人前面已做過辯解，老子的復歸於樸是價值的還原，是生命理想由迷到悟的超越進程，不是純然否定心之有知，走回蒙昧，老子的損之又損是去病不去法的意義治療，不是連法帶病一起砍除的大虛無；對〈馬蹄〉提出返歸赫胥氏時代的主張，我也認定那是深限囹圄的人性囚犯，因渴盼解放，而發出的激烈呼喚。彼以原始社會喻爲至德之世，是藉懷古來盼望未來，未必眞樂於啓蒙前的芒昧也，〈寓言〉說：「寓言十九，重言十七，卮言日出，和以天倪」（二七／一），〈外物〉也說：「荃者所以在魚，得魚而忘荃；蹄者所以在兔，得兔而忘蹄；言者所以在意，得意而忘言」（二六／四八至四九），〈馬蹄〉對於至德之世的種種描述，乃寓言形式的表達，不可執泥於文字表象也，故純以退化史觀視之，恐不足以視其本懷；惟〈馬蹄〉作者之申論，其破立之間，文字偏宕，態度激昂，以致眩人耳目、遭人誤解，彼亦不能無過也，底下再析論之。

〈馬蹄〉之內容，亦可濃縮爲三點：

一、「齕草飲水、翹足而陸」是馬之「眞性」（九／一），「織而衣耕而食」、「一而不黨」是人之「同德」（九／七），馬之有眞性猶如人之有同德，順眞性之自然，則萬物群生，草木遂長，循同德之素樸，則無知無欲、民性得矣，所以善於治天下者，不在多爲多事，替百姓做主，而應該避免主觀之干預，讓百姓在自由開放中，自主自長，得其所哉。

二、「陸居則食草飲水，喜則交頸相靡，怒則分背相踶」（九／十四至十五）這是馬的天眞，「居不知所爲，行不知所之，含哺而熙，鼓腹而遊」（九／十六至十七）這是人的純潔，但將人爲的桎梏，如衡扼月題等加諸於馬的身上，馬受壓迫而悖離天眞，就會出現「介倪闉扼鷙曼詭銜竊轡」（九／十五至十六）的偷盜行爲，同樣地，若將人爲的教條，如禮樂仁義等加諸於人的身上，人受牽引而喪失純潔，於是禮樂非但不能匡正天下之形，反而造成人性疏離；仁義非但不能慰藉天下之心，反而造成常德殘廢；仁義禮樂兩皆不可取，應予唾棄。

三、「及至聖人，蹩躠爲仁，踶跂爲義，而天下始疑矣；澶漫爲樂，摘僻爲禮，而天下始分矣」（九／十一至十二），所以聖人是破壞整全人性的罪魁，鑿破渾淪道德的劊子手，生民若欲安其居樂其俗，就得「絕聖棄知」、「絕仁棄義」了。

※　※　※　※

綜觀〈駢拇〉與〈馬蹄〉，其人性之意見有幾點可觀處：其一、把性等同於德，並強調它的無知無欲、素樸天放；其二、視仁義德目、禮樂文制、政刑法政、聰明巧知皆是「屬其性」（八二六），使人不能「任性命之情」（八／三〇）的人爲妄作，主張人應超越它，以解除其糾葛；其三、性既與德相同，道與德又形成複詞使用，性和生或身也對舉成文連綴出現。從第一點看來，它把性亦看作是人的生命主體，而且如同老子的樸與莊子的眞一樣，也是以「無」爲首出的無體之體；它的第二個特色，則和《道德經》和內七篇（尤其是〈應帝王〉的思想取向幾乎完全一致；最値得留意的是第三點中，它把道和德連在一起而合稱日道德，其可能的含義是，把「德」視爲「性」之充其極實現，或是視「德」爲「性」之應有之展露，如依天台六即來比會的話，「德」是究竟即，「性」就是理即，這在表達的技巧上，比起老莊顯然是更具解析性的，此外它將生和性對舉，一方面是回應了「生之謂性」的傳統，另一方面則凸顯「性」對生命的決定作用，這無異是對老子「不失其所者久，死而不亡者壽」

（三三章）和莊子「至人神矣，大澤焚而不能熱，河漢沍而不能寒，疾雷破山風振海而不能驚」（二／七一至七二）等文學性語言，做了義理性的表達。

最後我們需要再澄清一下這兩篇反對聖知仁義的眞正意義。在前面疏解老子時，我們的結論是，老子並沒有純然否定聖知仁義的意思，而是要蕩相遣執、融通淘汰，以保住聖知仁義的眞正價值，對這兩篇我也做如是之了解，〈駢拇〉說：

> 天下有常然，常然者，曲者不以鉤，直者不以繩，圓者不以規，方者不以矩，附離不以膠漆，約束不以纆索，故天下誘然皆生，而不知其所以生，同焉皆得，而不知其所以得，故古今不二，不可虧也，則仁義又奚連連如膠漆纆索，而遊乎道德之間爲哉。（八／十五至十八）

顯然地，該作者並不反對人間應有曲直方圓和附離約束，他只反對用外在的仁義做膠漆纆索，而把人的自然常性綑死罷了，他所謂的仁義，其實就是禮崩樂壞、周文疲弊之後，那些日益僵固異化的德目教條，因此嚴格說來，他是反教條而不是反仁義，若仁義不是教條，而是合乎人性之常然的附離約束，他還是會予以肯定的，當然這一層區分，該作者不一定認爲是必要的，這是因爲當時在他看來，所有的仁義無一不是教條的緣故，明乎此，則〈天道〉中，老子反對孔子所說「仁義眞人之性也」（十三／四八），並譏諷他「偈偈乎揭仁義，若擊鼓而求亡子焉。意，夫子亂人之性也」（十三／五二至五三）的立場，就可不言而喻了，因爲畢竟「放德而行，循道而趨」（十三／五二）才是他眞正的人性概念啊！

我之所以不厭其煩地去疏導〈駢拇〉和〈馬蹄〉，除了因為這兩篇佔去外篇中大部分論性的文獻外，還有一個很重要的理由，那就是這兩篇向來被認為和莊子思想有距離，王船山說它們「悁劣而不足存」（註九），劉笑敢說它們乃戰國末年莊子後學中與莊子淵源較少的無君派作品，我卻要別出新裁，另立新見，事實上經過上述之處理後，〈駢拇〉、〈馬蹄〉的價值似乎應該更被重視才對。

※　※　※　※

與〈駢拇〉、〈馬蹄〉論「性」風格最接近的，是〈胠篋〉和〈在宥〉。〈胠篋〉說「天下每每大亂，罪在於好知」（十／三七），但這個知不是真知，而是「好知而無道」（十／三四）的知，我們姑且稱之為虛妄分別的俗知，〈胠篋〉不反對有真知，卻痛心一般人競於俗知而毀滅了真實的自我，故曰：

天下皆知求其所不知，而莫知求其所已知者，皆知非其所不善，而莫知非其所已善者，是以大亂；故上悖日月之明，下爍山川之精，中墮四時之施，惴耎之蟲，肖翹之物，莫不失其性。（十／三七至三九）

然者，真知俗知的對揚，成了〈胠篋〉的一大特色，俗知毀了人的性，有真知的人才是本性的如如不失，真知當然來自於真心，則真心護持了人性，真心是人性的保證，〈胠篋〉又說：

甚矣夫好知之亂天下也，自三代以下皆是已；舍夫種種之民，而悅夫役役之佞，釋夫恬淡無為，而

悅夫哼哼之意，哼哼已亂天矣。（十／四〇至四一）

由此看來，俗知是逢迎諂媚、工於計較的知，眞知則是恬淡無爲清虛自守的知，心爲知之本體，則眞心必然也是恬淡無爲者，恬淡無爲猶如素樸天放之常德，常德即是本性，故眞心亦就是性了。

※　※　※　※

反對三代以來的俗知，認爲此俗知乃世道人心動亂之根源的相似論調，也出現在〈天運〉，〈天運〉說：

三皇之知，上悖日月之明，下睽山川之精，中墮四時之施，其知憯於蠣蠆之尾；鮮規之獸，莫得其性命之情者。（十四／七二）

顯然其立論及遣詞造句幾乎和〈胠篋〉譏評三代之知的一段相同，〈天運〉又說：

性不可易，命不可變，時不可止，道不可壅，苟得於道，無自而不可，失焉者，無自而可。（十四／七九至八〇）

其強調「性」乃秉之於道而不可改易，則亦承認「性」之主體地位也。

※　※　※　※

〈在宥〉也認爲人性原本恬淡無爲，故主張君王應放鬆把持，讓百姓安樂適性，乃曰：

君子不得已而蒞天下，莫若無爲；無爲也，而後安其性命之情。（十一／十三至十四）

百姓安樂適性，就是眞宰靈府如如在位，此時天下寬容而常自在，苟不如此，君王無論是以威勢恫嚇人民，或以仁義矯飾人民，都是有爲妄作，使百姓遷德淫性而造成不安也，故曰：

聞在宥天下，不聞治天下。在之也者，恐天下之淫其性也，宥之也者，恐天下之遷其德也。昔堯之治天下也，使天下欣欣焉人樂其性，是不恬也，桀之治天下也，使天下瘁瘁焉人苦其性，是不愉也，夫不恬不愉，非德也，非德也而可長久者，天下無之。（十一／一至四）

把超乎苦樂、能恬淡自愉當作人的本德眞性，這和〈大宗師〉的「不知說生，不知惡死，其出不訢，其入不距」（六／七至八）是可以相通的，〈在宥〉又反對曾史儒墨的賢知才學，認爲：

說明邪，是淫於色也；說聰邪，是淫於聲也；說仁邪，是亂於德邪；說義邪，是悖於理也；說禮邪，是相於技也；說樂也，是相於淫也；說聖也，是相於藝也，說知邪，是相於疵也；天下將安其性命之情。（十一／八至一〇）

其實細繹其意，該作者亦不反對人間當有聲色德理，他只反對世俗聰明仁義之迷惑人性，以及反對人爲之禮樂聖知之助長疏離，蓋在該作者看來，當時之聰明仁義、禮樂聖知無一不是僵化之教條、無一不是煽動之口號故也，今觀其所謂：

夫施及三王，而天下大駭矣；下有桀跖，上有曾史，而儒墨畢起，於是乎喜怒相疑，愚知相欺，善否相非，誕信相譏，而天下衰矣，大德不同，而性命爛漫矣。（十一／二二至二三）

可知仁義聰明、禮樂聖知在當時已然皆異化成虛妄分別的工具，則其不平而鳴亦是悲情之不容已也。

※　※　※　※

外篇中可以被了解爲主體的「性」字約有六十處，在前面我們已經交代了六篇三十九處，接著我們再來處理〈天地〉、〈達生〉、〈繕性〉中二十一處的人性論。〈天地〉說：

泰初有無，無有無名；一之所起，有一而未形；物得以生謂之德；未形者有分，且然無間謂之命；留動而生物，物成生理謂之形；形體保神，各有儀則，謂之性。性修反德，德至同於初；同乃虛，虛乃大；合喙鳴，喙鳴合，與天地爲合；其合緡緡，若愚若昏，是謂玄德，同乎大順。（十二／三七至四一）

〈天地〉這段話可以說是將天道人德一語道盡，也徹底展露道家人性論之精義，今試逐句疏解，以明其底蘊。

「泰初有無，無有無名」，此說明做爲萬物本根的道體，是超名言概念的「無」；「一之所起，有一而未形」，本句中的「一」還是道，《道德經》說「載營魄抱一」（十章）、「聖人抱一爲天下式」（二二章）、「昔之得一者，天得一以清，地得一以寧，神得一以靈，谷得一以盈，萬物得一以生，侯王得一以爲天下貞」（三九章），可知把道說成一，在道家早有傳統；此道是無，乃超越於一切形象之上，所以是「有一而未形」；「物得以生謂之德」，這是說「德」乃萬物生成或存在的根據，《道德經》第十章和第五一章分別從聖人和天道的「生而不有，爲而不恃，長而不宰」說「玄德」，這一句從上下文看來，恐怕指的是天道玄德。

「未形者有分，且然無間謂之命，留動而生物」，未形者當然是指道，道雖然是無，卻有它無時或歇以生畜衣養萬物的全體大用，此全體大用就是它的本分，《道德經》說：「谷神不死，是謂玄牝，玄牝之門，是謂天地根，綿綿若存，用之不勤」（六章），即是本句之所本，又因爲道是「獨立而不改，周行而不殆」（二五章），乃「淵兮似萬物之宗」（四章），所以它是天長地久以生畜萬物，而爲萬物不主之主的命主，簡稱之就是「命」。又此命主之運作，乃使天地萬物皆能歸根復命而共遂其生，是之謂「留（流）動而生物」。

「物成生理之謂形，形體保神，各有儀則，謂之性」，此句明道之內在化於人，而爲人之眞正主體，辭義俱佳；「形」是具象，依《道德經》第三九章，凡天地神谷萬物侯王無一不是具象，此具象之存在理由是清寧靈盈生貞，而這些理由追根究底則是靠道來保證，換言之，具象的「形」是不能離開道的，每一個「形」都是擁抱著道，讓道內在於自身中，否則就裂發歇竭而不成其「形」，故曰「物成生理之謂形」；有形就有體，此形體之神明處，當是那內在於物形自身中的道，超越的道內在於物形之中，爲生物提供應然之儀式法則，以爲生物價值朗現之依據，這個就稱之曰性，對人而言，就是眞正的主體性，是即「形體保神，各有儀則，謂之性」的精切義。

人的主體性其「虛而不屈，動而愈出」的修煉進程，必以反歸天道至德爲充其極之證成，故曰「性修反德，德至同於初。」然在此句中，性與德似乎有因位和果位之差別，〈天地〉曾說：「形非道不生，生非德不明；存形窮生，立德明道，非王德若邪？」（十二／十四至十五），則〈天地〉之作者本固有將「德」等同於「道」以爲王者境界之意思，前面吾人疏解〈駢拇〉時曾提及，「德」與「性」之關係，頗有似於天台六即中「理即」與「究竟即」者，在〈天地〉中我們又看到相同之論調，然《十不二門指要鈔》說：「直須當體全是，方名爲即」（註十），則德與性固有果位、因位之別，其實也只是隱與顯之不同而已，本質當不能或異也（註十一）。

「同乃虛，虛乃大，合喙鳴，喙鳴合」，這是對體道證德者無爲而無不爲之沖虛玄境的描述，道原本就是無，內在於人就是沖虛的德性，此德性之充其極證成，就是無爲無執、無知無欲的境界，它完全開放、完全包容，故能與物無障無隔而齊遂群生也，喙鳴猶〈齊物論〉中之「衆竅怒吼」（二／四），虛則如「天籟」，它能「吹萬不同」，卻功成而弗居，故不知「怒者其誰邪」（二／九）。

「與天地爲合，其合緡緡，若愚若昏，是謂玄德。同乎大順」，此句無異是道家圓教之表達，蓋「同乎大順」以及「與天地爲合」都是形容得道者「常善救人故無棄人，常善救物故無棄物」（二七章）的廣大和諧境界，然此境界之證成，固不在「爲學日益」（四八章），也不在「辯之以相示」（二／五八），而在乎不自見、不自是、不自伐、不自矜、歙歙爲天下渾其心，故曰「其合緡緡，若愚若昏」；〈天地〉曾形容王德之人說：「視乎冥冥，聽乎無聲，冥冥之中，獨見曉焉，無聲之中，獨聞和焉，故深之又深而能物焉，神之又神而能精焉，故其與萬物接也，至無而供其求，時騁而要其宿」（十二／十六至十八），若非〈天地〉作者已洞悉老莊本懷，何能出此偉論呢？

※　※　※　※

再說〈達生〉。〈天地〉之「性修反德，德至同於初，同乃虛，虛乃大，合喙鳴，喙鳴合，與天地為合」，它和《道德經》第十六章「致虛極，守靜篤，萬物並作，吾以觀復，夫復芸芸，各復歸其根；歸根曰靜，是謂復命；復命曰常，知常曰明；不知常，妄作，凶；知常容，容乃公，公乃王，王乃天，天乃道，道乃久，沒身不殆」、五二章「天下有始，以為天下母，既得其母，以知其子，既知其子，復守其母，沒身不殆，塞其兌，閉其門，終身不勤；開其兌，濟其事，終身不救；見小曰明，守柔曰強，用其光，復歸其明」的論調幾乎是一致的，「初」絕非時間的起點，而是形而上的原道，所以同於初是同於道的意思，性修反德也如同復歸於樸一樣，那是要把扭曲僵固的人性，從陷溺中超拔出來，以還原其應然之本眞的努力，〈天地〉說：「夫明白入素，無為復朴，體性抱神，以遊世俗之間」（十二／五八）就是這種努力的最終期盼，外篇之〈達生〉則形容為：

> 處乎不淫之度，而藏乎無端之紀，遊乎萬物之所終始；壹其性，養其氣，合其德，以通乎物之所造。（十九／十一至十二）

「壹其性，養其氣」猶《道德經》之「專氣致柔」（十章），〈達生〉又名之為「純氣之守」（

十九／八），這和〈天地〉「明白入素、無爲復朴」的境界是一致的，其結果亦是合其德而通乎道，則〈達生〉的作者仍然是以果位因位來區分德與性也。

〈達生〉又有一段故事告訴我們如何來「壹其性，養其氣」：

孔子觀於呂梁，縣水三十仞，流沫四十里，黿鼉魚鱉之所不能游也，見一丈夫游之，……數百步而出，被髮行歌而遊於塘下，孔子從而問焉，曰：「……請問蹈水有道乎？」曰：「亡，吾無道，吾始乎故，長乎性，成乎命，與齊俱入，與汩偕出，從水之道而不爲私焉，此吾所以蹈之也。」孔子曰：「何謂始乎故長乎性成乎命？」曰：「吾生於陵而安於陵，故也；長於水而安於水，性也；不知吾所以然而然，命也。」（十九／四九至五四）

「故」是初，「命」是德，「始乎故長乎性成乎命」猶如原於道、修於性、反於德，這和〈天地〉「性修反德，德至同於初」的見解又同出一轍；此丈夫又說：「不知吾所以然而然，命也」、「從水之道而不爲私焉」，正說明了人之修性反德，主要就在去人爲之造作，以無執無私之心境，順任萬物之不得不然，此一工夫〈達生〉又說是「必齋以靜心」（十九／五六），原來心知之有心有爲所可能產生的災害，也深深觸動〈達生〉作者之悲情；同樣地，〈天地〉之作者也有「趣舍滑心，使性飛揚」（十二／九八）之感概，而他在悲歎人之迷失本性之餘，乃呼籲：「大聖之治天下也，搖蕩民心，使之成教異俗，舉滅其賊心，而皆進其獨志，若性之自爲而民不知其所由然」（十二／五〇至五一），此和老子「聖人欲不欲，不貴難得之貨，學不學，復衆人之所過，以輔萬物之自然而不敢爲」（六四章）又有什麼明顯的歧異呢？

※　※　※　※

有心有爲的心知災害，〈繕性〉中更有強烈的表達，〈繕性〉說：

> 唐虞始爲天下，興治化之流，澆淳散朴，離道以善，險德以行，然後去性而從於心；心與心識知，而不足以定天下，然後附之以文，益之以博；文滅質，博溺心，然後民始惑亂，無以反其性情而復其初。（十六／八至十一）

心知定著〈繕性〉又名之曰「俗」，俗知是悖離道德的「小行小識」（十六／十六），「喪己於物，失性於俗者，謂之倒置之民」（十六／二一），「繕性於俗，俗學以求復其初，滑欲於俗，思以求致其明，謂之蔽蒙之民」（十六／一），只有「不以辯飾知，不以知窮天下，不以知窮德，危然處其所而反其性」（十六／十五至十六）才是「在混芒之中，與一世而得澹漠焉」（十六／五）的得道者，他是「正而蒙己德」、「莫之爲而常自然」（十六／四；七）；蒙就是韜光養晦而不冒於物，因爲他知道「冒則物必失其性」（十六／五），所以他不自見、不自是、不自伐、不自矜，同時也不會對萬物亂出主意、亂動手腳，也由於如此，他能「和理出其性」（十六／二）。「夫德，和也；道，理也」（十六／二），則「和理出其性」即是從性做工夫而朗現出道德來，這和〈天地〉「性修反德，德至同於初」的思路完全是一致的。

※　※　※　※

外雜篇中把「性」當做人的眞正自我者，都有一個共同的特色，那就是強調天眞自然、素樸純潔，反對人爲的矯飾與物欲的競擾，總而言之，外雜篇的人性論是恬淡無爲、素樸天放的人性論。然而在表達這個人性論時，有些篇章是清楚地將道和德的觀念帶進來，用老子的道和德來支撐它們的人性論，於是這些篇章的人性論就比較容易看出它的超越性與絕對性，例如外篇的〈天地〉與雜篇的〈庚桑楚〉就是最明顯的例子，有些篇章則完全以批判禮樂政刑、仁義聖知的方式，來反顯人性的純淨，這些篇章的人性論就只見偏重原始性與素樸性，例如〈駢拇〉、〈馬蹄〉、〈胠篋〉等是也，但是前面我們討論過，老子的復歸於樸是在求價值的還原與理想的超昇；如果〈駢拇〉等三篇對仁義的抨擊，是反異化的呼聲，是如同李澤厚先生所說，在揭露社會的黑暗，描述現實的苦難，傾訴人間的不平與展示強者的卑劣的話（註十二），那麼它們的偏重原始性與素樸性，背後仍然是以超越性與絕對性爲訴求的，蒙培元先生曾說：「老子所說的自然人性，具有兩個顯著的特徵，一是超越性、絕對性；二是原始性、素樸性」（註十三），這話雖有語病，然而老子的德，確實是以滌除人工污染來做爲它的超越理想，我們說它是「反反以顯眞」道理也在這裡，是則，超越性、絕對性與原始性、素樸性其實本是一體的，舉其一可知其二，〈駢拇〉三篇立言分際誠欠深思熟慮，然若放在整個外雜篇中一起來思考，則仍不失老莊之續貂也。

第二節　體性抱神法天貴眞的全德論

在第一節中，我們以人性論的探討爲焦點，通盤掌握文獻，詮釋了莊書外雜篇哲學中生命超昇之內在依據，而在說明的過程裡，也或多或少、或直接或間接地把一些篇章的境界理想一起敘述出來，像這些已經交代過的篇章，在本節裡面都儘量避免重複，以便有充分的篇幅來說明尚未觸及之〈刻意〉、〈秋水〉、〈至樂〉、〈山木〉、〈田子方〉、〈知北遊〉、〈外物〉、〈寓言〉、〈盜跖〉、〈漁父〉等篇章的生命理境，而〈天下〉我們在討論老莊時也曾經多作引述，故在本節也從略。

壹、雜篇中的全德論

〈盜跖〉和〈漁父〉可能是雜篇中比較會引起爭論者，「法天貴眞」一詞也出現在〈漁父〉，所以我就從這兩篇先談起。

※　※　※　※

〈盜跖〉原文甚長，全篇是由三組對話組成，第一組是盜跖與孔子的對話，內容最激越，所受的非議也最多；第二組是子張與滿苟得的對話，主要觀念是承襲第一組而來；第三組是無足與知和的對話，它可以視爲前兩組的總結，而且內容可以和〈庚桑楚〉中老子論衛生之經的理念相互發明。

在盜跖與孔子的對話中，〈盜跖〉的作者極度貶抑了孔子。文中的孔子有著淑世的理想，他不忍盜跖的惡行惡狀所導致之「所過之邑，大國守城，小國入保，萬民苦之」（二九／二至三），於是在勸不動其兄柳下季當勇於負起訓誨盜跖的責任後，毅然不顧柳下季的警告，親自前往「大山之陽」去教訓盜跖，這原本是「自反而縮，雖千萬人吾往矣」的義理擔當，當吾人期待孔子會以至仁大義之讜論去點化頑冥的盜跖時，孰知〈盜跖〉之作者竟把孔子寫成貪生怕死、折腰逢迎的小人狀，而孔子之用來開導盜跖者雖然也是「罷兵休卒，收養昆弟，共祭先祖」（二九／二二），卻完全出自權位名利的誘惑，並讓孔子厚顏無恥的說這是「聖人才士之行，而天下之願也」（二九／二二至二三），〈盜跖〉的作者如此地調侃孔子，並不足以動搖孔子在中國文化中的崇高地位，我也絕對不苟同這種態度，但是我相信〈盜跖〉的作者如此大膽妄為地揑造事實以誣蔑孔子，一定有他特殊的義理取向，而最有可能的是他要向聖人的權威挑戰，他志在揭穿聖人的假面具，為的是要抗拒那些成規成套的假仁假義，試看，當盜跖對孔子說：「今子脩文武之道，掌天下之辯，以教後世；縫衣淺帶，矯言僞行，以迷惑天下之主，而欲求富貴焉，盜莫大於子，天下何故不謂子為盜丘，而乃謂我為盜跖」（二九／三二至三四）時，不就具體表達了該作者深沈而又無奈的抗議嗎？所以在本文中，盜跖非眞強盜也，孔子也非眞聖人也，〈盜跖〉的作者故意衝決了世俗慣常的價値認知，而以極端反諷的手法，來充分展現道家的批判精神，誠然是語不驚人死不休也。

在〈胠篋〉中曾經提到，聖人創制禮法、標榜仁義本欲造福百姓、安頓蒼生，殊不料這些禮法終被野心政客和智慧型的盜匪所剽竊，用爲護身之名器，結果聖知愈昌明其危害人間反而愈大，我不殺伯仁，伯仁卻因我而死，故陷人於塗炭者，是提倡禮法與仁義的聖人，此之謂「脣竭則齒寒，魯酒薄而邯鄲圍，聖人生而大盜起」（十／十四至十五），而如想天下長治、盜賊無有，釜底抽薪之計，就是掊擊聖人，讓聖人先消失後，盜賊就沒有憑藉去行凶，故曰：「夫川竭而谷虛，丘夷而淵實，聖人已死則大盜不起，天下平而無故矣。聖人不死，大盜不止，雖重聖人而治天下，則是重利盜跖也。」（十／十五至十七）〈胠篋〉的內容是在發揮老子絕聖去知的批判精神，該篇作者敢於穿透政治神話，揭發威權假相，完全是因爲他看到仁義禮法都被工具化，聖人也被偶像化的緣故，但他尚不致於把聖人比爲盜賊，而〈盜跖〉的作者竟然對孔子出現「盜丘」的擬詞，並藉盜跖來抨擊孔子，顯然是認爲孔子比大盜還不如，這較〈胠篋〉的立場可說更爲激烈。

〈盜跖〉中不只非議孔子，而且貶聖王、抑賢士、退忠臣，它說「黃帝尚不能全德」（二九／三八），堯舜禹湯文武「皆以利惑其眞而強反其情性，其行乃甚可羞也」（二九／三九至四〇），伯夷叔齊等賢士是「離名輕死，不念本養壽命者也」（二九／四四至四五），至於孔子之道則是「狂狂汲汲詐巧虛僞事也，非可以全眞也」（二九／五三），我想該篇作者對於聖賢之道一定沒有相應的理解，他只是從聖賢之「跡」去看聖賢，把聖賢因悲心之不容已、甘願承擔人間的苦難、受其桎梏以應「天刑」（五／三一）的陽剛偉烈，當做是「仁義之端，是非之塗，樊然殽亂」（二／七〇），這有可能是因爲他時代的遭遇誤導了他對聖賢的評價與思考，但那只是因爲他對聖賢的了解不夠才產生嚴重的偏差，這並不意味他據之以判斷的最高權衡也錯誤。

〈盜跖〉說：「今吾告子以人之情，目欲視色，耳欲聽聲，口欲察味，志氣欲盈，……天與地無窮，人死者有時，操有時之具，而託於無窮之間，忽然無異騏驥之馳過隙也，不能說其志意，養其壽命者，皆非通道者也。」（二九／四八至五一）這裡很清楚地說明了該篇作者據之以判斷的最高權衡是生命的喜樂與終養，可是從文字上看來，他好像又有放縱情欲及時享樂的意思，這對於老莊而言的確是一個很大的歧出啊！不過這一層疑慮事實上是很容易澄清的，因爲他反對「以利惑其眞」，反對「離名輕死」（離是罹的假借，犯的意思；或曰離反訓爲合，義亦通），反對「狂狂汲汲詐巧虛僞事」，總之，他反對以心知的介入來帶動情欲的膨脹，所以他之所謂「目欲視色」等等，究其實還是順性命之情、莫之爲而常自然的意思，這完全是道家的心靈啊！

以上是把〈盜跖〉中第一組盜跖與孔子的對話，做了一個很大的翻案說明，底下兩組中，滿苟得說仁義教條使人「服其殃，離其患也」，說「小人殉財，君子殉名，其所以變其情，易其性，則異矣，乃至於棄其所爲而殉其所不爲，則一也」（二九／七六；七〇至七一）；知和說「慘怛之疾，恬愉之安，不監於體；怵惕之恐，欣懽之喜，不監於心。知爲爲而不知所以爲，是以貴爲天子，富有天下，而不免於患也」，說「平爲福，有餘爲害者，物莫不然」（二九／八一至八二，九三）；凡此亦莫不是第一組內容之遺響也，今不再贅述。

〈漁父〉的觀念比〈盜跖〉豁顯，而且全篇一貫，不像〈盜跖〉分有三組，但孔子在文章中仍然是被調侃的對象，只不過調侃他的人不是江洋大盜，而是湖海釣叟，這大概是〈漁父〉作者比〈盜跖〉作者厚道的地方吧！

〈漁父〉非常重視道，「道者萬物之所由也，庶物失之者死，得之者生，爲事逆之則敗，順之則成」（三一／四九至五〇），這和《道德經》「惟道是從」（二一章）、「不道早已」（三〇章）的態度是一致的，但〈漁父〉中最常被提及的是「眞」。〈漁父〉的作者批評孔子說：「仁則仁矣，恐不免其身；苦心勞形，以危其眞。嗚呼！遠哉其分於道也」（三一／七至八），則「眞」與「道」在該作者看來必有內在之關聯。〈漁父〉亦明言：「眞者，精誠之至也，不精不誠，不能動人」（三一／三二至三三）、「眞者所以受於天，自然不可易也」（三一／三七至三八），這和《中庸》「天命之謂性」（首章）、「自誠明謂之性」（二一章）「不誠無物，是故君子誠之爲貴」（二五章）好像有點類似，事事上〈漁父〉就是把「眞」當做「性」，〈漁父〉說：「謹脩而身，愼守其眞，還以物與人，則無所累矣，今不脩之身，而求之人，不亦外乎」（三一／三一至三二），可見他把「眞」當做人之內在自我。

※　※　※　※

可是「眞」雖然是誠、是性，但絕不可能和《中庸》同調：《中庸》的「誠」是要成己成物、參贊天地之化育，〈漁父〉的「誠」卻只要求能擺脫造作，能做到「功成之美，無一其跡」（三一／三六）就夠了；《中庸》的「性」是要明動變化以曲盡萬物，〈漁父〉的「眞」卻只要求能不「湛於人僞」、能不「祿祿而受變於俗」（三一／三九）就夠了；可知一個是勇於正面的承當，一個是樂於負面的消融。

「眞」的無爲義我們還可以藉漁父批判孔子的言論來證成；漁父譏孔子「上無君侯有司之勢，而下無大臣職事之官，而擅飾禮樂，選人倫，以化齊民，不泰多事乎」（三一／十九至二〇），又同情孔子「審仁義人間，察同異之際，觀動靜之變，適受與之度，理好惡之情，和喜怒之節，而幾於不免矣」（三一／三〇至三一），於是提出「能去八疵，無行四患」（三一／二六）的忠告，希望孔子不要再沈湎於禮義，不要把摠、佞、諂、諛、讒、賊、慝、險、叨、貪、很、矜等人爲造作當做功德，以免「苦心勞形，以危其眞」。從以上文獻不難看出，〈漁父〉之所謂「眞」，實以無爲無執做定義也。

「眞」是無爲無執的內在主體，乃受之於天而自然不可易者；又依據我們前面的疏解，德或性之做爲人的眞正自我，乃是道之內在化也，〈漁父〉的「眞」既是德，也是道，則〈漁父〉的天更應當就是道了，據此，〈漁父〉之「眞在內者，神動於外」、「聖人法天貴眞，不拘於俗」（三一／三四；三八），其同於老莊之體道證德、逍遙無待，乃呼之欲出了。

老莊的「返樸抱一」、「全德葆眞」是無爲而無不爲的和諧境界，〈漁父〉的「法天貴眞」我們已經證成是無執無爲，然而是不是也無不爲呢？我想如果從漁父的社會角色去判讀的話，這個問題的答案恐怕不會太樂觀。好在漁父亦只是寓言人物，他的社會角色只是文章中的扮相而已；〈漁父〉的作者所塑造出來的這位高人，和現實人間中的眞正漁父畢竟是有差異的，而當我們面對這麼一個被作者特殊化的人物時，如果只是根據社會中已經定型的模套去衡量他，就說他必然會如同一般漁父一樣也避世無爲的話，恐怕是不恰當的。但澄清了以上的疑點，只能消極證明他不會只是拱默山來而已，要確定他是無爲而無不爲者，還須要其他證據。

「天子諸侯大夫庶人，此四者自正，治之美也，四者離位，亂莫大焉，官治其職，人憂其事，乃無所陵」（三一／十三至十四），這段話正是我們要找的積極證據。前面說過，老莊思想是用來療傷止痛的，它的「無不爲」並不是裁成輔相、補綴乾坤，而是放開一步，讓天地萬物各居其位、各得其正而共適共榮，今觀〈漁父〉所言，其主張無所陵，讓天子以至於庶人皆能自正以成天下之治美，此不就是「去病不去法」的體悟嗎？是故，「法天貴眞」如同「返樸抱一」、「全德葆眞」一樣，也是「無爲而無不爲」的境界。

※　※　※　※

〈徐無鬼〉前面說得很簡略，由於該文中亦出現「誠」字，所以在這裡也補述一下。〈徐無鬼〉說：「愛民，害民之始也；爲義偃兵，造兵之本也。君自此爲之，則殆不成，凡成美，惡器也，君雖爲仁義，幾且僞哉。」（二四／三〇至三一）這裡仍然是把仁義當做是有心有爲，並歸咎是禍害的開始，〈徐無鬼〉又說：「古之眞人，以天待之，不以人入天」（二四／九七至九八）、「德總乎道之所一，而言休乎知之所不知」（二四／六八），可見它是以道和德的立場去反對心知、反對人爲的。而道和德的證成〈徐無鬼〉則說是：「脩胸中之誠，以應天地之情而勿攖」（二四／三四）、「抱德煬和，以順天下」（二四／九六），由此看來，它還是謹守老莊之心法。

※　※　※　※

〈外物〉裡面有莊周貸粟於監河侯、任公子投竿東海、儒以詩禮發冢、仲尼見老萊子、宋元君夢東海波臣、惠子謂莊子、以及堯湯讓天下於隱士隱士寧死不受等數節內容，其中夾敘來議，而眞理寓焉。

儒以詩禮發冢一段，寫大儒臚帶著一群小儒生夜半盜人墳墓，一邊工作、一邊唱詩，取人珠寶還引詩自命堂皇，這是莊書中對儒家之假仁假義最嚴厲的抨擊，王船山說〈漁父〉、〈盜跖〉是「妬婦詈市，瘈犬狂吠之惡聲」（註十四），此段則比〈盜跖〉、〈漁父〉更爲尖酸刻薄，王船山卻聽若罔聞，甚且爲之做註，可見王船山之痛斥〈盜跖〉、〈漁父〉全是爲了爭孔子罷了。

〈外物〉說：「德溢乎名，名溢乎暴，謀稽乎誸，知出乎爭，柴生乎守」（二六／四一），這和內篇〈人間世〉之「德蕩乎名，知出乎爭，名也者相軋也，知也者爭之器也，二者凶器，非所以盡行也」（四／六至七），幾乎是一致的；它又說：「與其譽堯而非桀，不如兩忘而閉其所譽」（二六／二二至二三），莊子心齋坐忘的工夫顯然被它所接受，且莊子之心齋坐忘是爲了同乎大通、證得眞知，〈外物〉也說：「去小知而大知明，去善而自善矣」（二六／三〇），同時強調「靜然可以補病」（二六／四三），「知無用而始可與言用矣」（二六／三一至三二），原來批判反省同體肯定在〈外物〉中又再一次的被肯定；「目徹爲明，耳徹爲聰，鼻徹爲顫，口徹爲甘，心徹爲知，知徹爲德」（二六／三七至三八），則更是具體表明經過蕩相遣執、融通淘汰的作用之後，無一物不可留的大自在也。

〈外物〉中融通淘汰的作用，其實就是「致虛極」（十六章）的意思。它說：「胞有重閬，心有天遊。室無空虛，則婦姑勃谿；心無天遊，則六鑿相攘」（二六／四〇），心之天遊實即遊於虛也，能虛才能「勝物而不傷」（七／三三），故〈外物〉說：「唯至人乃能遊於世而不僻，順人而不失己」（二六／三六至三七）。

※　※　※　※

如〈外物〉所強調之致虛守靜的觀念，也出現在〈列禦寇〉中，〈列禦寇〉說：

賊莫大乎德有心，而心有睫，及其有睫而內視，內視而敗矣。凶德有五，中德爲首。何謂中德，中德也者，有以自好也，而吡其所不爲者也。（三二／三八至三九）

這是對心知定著所產生的主觀偏見提出分析並做批判，其所謂「德」亦是主體的意思，主體被妄知所侵犯（嚴格地講是主體之自我放逐），所以成了凶德中的心病之德（中德），此乃是我私我執的源頭，故爲凶德之首，凶德使人喪失純眞、悖離自我，那是人性最慘痛的刑罰，故〈列禦寇〉說：

爲外刑者，金與木也；爲內刑者，動與過也。宵人之離外刑者，金木訊之；離內刑者，陰陽食之。（三二／三〇至三一）

至於眞人則能「免乎外內之刑」（三二／三一），因爲他能致虛守靜。致虛守靜之眞人，即〈列禦寇〉所謂之：

彼至人者，歸精神乎無始，而甘冥乎無何有之鄉；水流乎無形，發泄乎太清。（三二／二一至二二）

※ ※ ※ ※

最後說〈寓言〉。〈寓言〉曰：

有自也而可，有自也而不可；有自也而然，有自也而不然。惡乎然？然於然；惡乎不然？不然於不然；惡乎可？可於可；惡乎不可？不可於不可。物固有所然，物固有所可，無物不然，無物不可。（二七／六至八）

這是在承認天地萬物以及對天地萬物的各種評價都有其立場與理由，〈齊物論〉所標榜之「同體肯定」，從這句話透露無遺。「同體肯定」是經過反省批判、消融我心我執之後所顯之無爲而無不爲的境界，體證這種境界的人，絕對不會泥著於固定之角度，用語言以妄議萬物的得失，因爲他知道原本「萬物皆種也，以不同形相禪，始卒若環，莫得其倫」（二七／九），所以彼此與是非乃相衍而生、變化無窮，如果泥著僵固在一種定然的評價中，將是剝奪萬物的存在權利，也窄化了自己的心靈；體道的人是「彼來則我與之來，彼往則我與之往，彼強陽則我與之強陽」（二七／二四），他完全沒有我執意識與主觀偏見，一切都任隨萬物之自然，其表現於語言，就是「言無言，終身言，未嘗言；終身不言，未嘗不言」（二七／六）。「終身言」是無不爲，「未嘗言」是無爲；「終身不言」是無爲，「未嘗不言」是無不爲；既「無爲而無不爲」，又「無不爲而無爲」，反覆相對，隨說隨掃，隨掃隨立，此誠然是「卮言日出，和以天倪」（二七／一）也。

貳、外篇中的全德論

在雜篇中，我們曾以〈漁父〉「法天貴眞」爲主軸，說明了它與老子「返樸抱一」、莊子「全德葆眞」的相同關係，「法天貴眞」和「體性抱神」內容其實也一樣，而「體性抱神」是出現在外篇的〈天地〉，所以我們就先來探討〈天地〉的體道證德論。

※　※　※　※

〈天地〉的觀念很豐富，在第一節人性論中曾對它做較大篇幅的探討，現在還有另外一些意見須要再補充。〈天地〉說：

通於天者，道也；順於地者，德也；行於萬物者，義也。（註十五）

通者同也，道同於天，此明道之超越義；德是道之玄德，而它以順爲性，顯見〈天地〉之作者對老莊義理的掌握沒有偏差。以順爲性的「德」內在於人，就是人無爲無執的生命主體，生命主體〈天地〉叫它是性，性是因位，德是果位，無爲無執之生命主體其充其極朗現就是「德」，果位的德也只是超拔乎心知定著與人爲妄作之恬淡境界而已，證諸以下之文獻皆知吾義之不謬：

君原於德而成於天，故曰：玄古之君天下，無爲也，天德而已矣。（十二／一至二）

夫王德之人，素逝而恥通於事，立之本原而知通於神，故其德廣。（十二／十三至十四）

忘乎物，忘乎天，其名爲忘己。忘己之人，是之謂入於天。（十二／四五）

雖以天下譽之，得其所謂，謷然不顧；以天下非之，失其所謂，儻然不受。天下之非譽，無益損焉，是謂全德之人哉。（十二／六五至六七）

德人者，居無思，行無慮，不藏是非美惡。四海之內，共利之之謂悅，共給之之爲安。怊乎若嬰兒之失其母也，儻乎若行而失其道也。財用有餘而不知其所自來，飲食取足而不知其所從，此之謂德人之容。（十二／七四至七六）

然而無爲無執之恬淡境界，卻是無爲而無不爲者，故〈天地〉又說：

古之畜天下者，無欲而天下足，無爲而萬物化，淵靜而百姓定。（十二／五至六）

無爲爲之之謂天，無言言之之謂德。（十二／七）

存形窮生，立德明道，非王德者邪？蕩蕩乎忽然出，勃然動，而萬物從之乎，此謂王德之人。視乎冥冥，聽乎無聲，冥冥之中，獨見曉焉，無聲之中，獨聞和焉，故深之又深而能物焉，神之又神而能精焉，故其與萬物接也，至無而供其求，時騁而要其宿。（十二／十五至十八）

無爲而無不爲的境界，是「無而不無，有而不有」、「無而能有，有而能無」的神奇境界，也是玄德妙道的驗證，《道德經》說：「無，名天地之始，有，名萬物之母，故常無欲以觀其妙，常有欲以觀其徼，此兩者同出而異名，同謂之玄，玄之又玄，衆妙之門」（首章），故道乃神奇玄妙者，《道德經》又以「谷神」、「玄牝」（六章）喻之，據此，吾人也可以將道又名之曰「神」，則〈天地〉說：「明白入素，無爲復樸，體性抱神，以遊世俗之間」（十二／六八）乃完全合乎老莊「返樸抱一」、「全德葆眞」的理想，因爲素樸天放、恬靜無爲是內在的德性，能充其極朗現此德此性，必可致虛守靜擁抱天道理想而與萬物共復本命，這是體道證德的終極關懷，而「體性抱神」也是在傳達這個意思。

※　※　※　※

像〈天地〉所描述之「無爲而無不爲」的境界，在外篇幾乎篇篇可見，順手拈來，〈在宥〉、〈天道〉、〈天運〉中就有如下之例證：

汝徒處無爲而物自化。墮爾形體，吐爾聰明，倫與物忘，大同乎涬溟。解心釋神，莫然無魂，

萬物云云，各復其根。各復其根而不知，渾渾沌沌，終身不離。（十一／五三至五五）

夫虛靜恬淡寂寞無爲者，天地之平而道德之至，故帝王聖人休焉；休則虛，虛則實，實者倫矣；虛則靜，靜則動，動則得矣。（十三／四至六）

古之至人，假道於仁，託宿於義，以遊逍遙之虛，食於苟簡之田，立於不貸之圃。逍遙無爲也，苟簡易養也，不貸無出也，古者謂是采眞之遊。（十四／五一至五三）

老莊講無爲必含無不爲，無爲而無不爲是生命的境界，不是政治的企圖，把無爲而無不爲移植到政治層面，然後強調君無爲以使臣下無不爲，那是黃老的標幟，〈天道〉中有一段話頗有黃老的意思，它說：

上無爲也，下亦無爲也，是下與上同德，下與上同德則不臣；下有爲也，上亦有爲也，是上與下同道，上與下同道則不主。上必無爲而用天下，下必有爲爲天下用，此不易之道也。（十三／十八至二〇）

但是這段話在〈天道〉中卻是非常唐突的，因爲〈天道〉一開頭就說：

夫虛靜恬淡寂寞無爲者，萬物之本也。明此以南鄉，堯之爲君也；明此以北面，舜之爲臣也。以此處上，帝王天子之德也；以此處下，玄聖素王之道也；以此退居而閒遊，江海山林之士服；以此進爲而撫世，則功大名顯而天下一也。靜而聖，動而王，無爲也而尊，樸素而天下莫能與之爭美。（十三／七至十）

又說：

以虛靜推於天地，通於萬物，此之謂天樂。天樂者，聖人之心以畜天下也。（十三／十六至十七）

據此可知，無爲是萬物之根本；無爲是應然者，而且有普遍性；無爲是聖人之所以能畜天下之依據。而在〈天道〉中這種意義的無爲才是念茲在茲者，今無端插入一段文字，說上要無爲下須有爲，上下不可錯置，則顯然與文章之開宗明義不符，陳鼓應先生根據數家舊說，認爲本篇自「夫帝王之德」至「非上之所以畜下也」全係僞作（包括本文前引「上無爲也下亦無爲也」一段），應當刪除（註十六），此不無洞見，吾人信服之，而剔除這些話之後，〈天道〉不但解消了黃老的疑慮，內容也更加顯豁乾淨。

※　※　※　※

「體性抱神」之玄境在〈刻意〉中有具體之發揮。刻意是有心有爲的意思，〈刻意〉竟篇就是一個宗旨：取消刻意，回歸自然；自然者，恬淡無爲而一切無不爲也。〈刻意〉說：

若夫不刻意而高，無仁義而修，無功名而治，無江海而閒，不道引而壽，無不忘也，無不有也；澹然無極而眾美從之，此天地之道，聖人之德也，故曰：夫恬淡寂寞、虛無無爲，此天地之平而道德之質也。（十五／六至八）

又說：

去知與故，循天之理，故無天災、無物累、無人非、無鬼責；其生若浮，其死若休；不思慮，不豫謀；光矣而不燿，信矣而不期；其寢不夢，其覺無憂，其神純粹，其魂不罷，虛無恬淡，乃合天德。（十五／十一至十四）

又說：

水之性不雜則清，莫動則平，鬱閉而不流，亦不能清，天德之象也。故曰：純粹而不雜，靜一而不變，淡而無爲，動而以天行，此養神之道。（十五／十六至十九）

〈刻意〉之內容的確鮮少文采，然義理不悖於老莊也，奈何古來貶抑之聲不絕於耳，吾惑矣。

※　※　※　※

〈秋水〉是篇大文章，向來被學者所認同，它最大的特色，是徹底發揮反省批判同體肯定的道家玄義，歷來多被評價爲〈齊物論〉之協奏曲。

〈秋水〉的批判反省植根於明確之天人區分。〈秋水〉說：

天在內，人在外，德在乎天，知天人之行，本乎天，位乎得，蹢躅而屈伸，反要而語極。（十七／五〇至五一）

〈秋水〉把超越的天收攝進來做爲內在的德，並要求反求諸己以體道證德，這是老子「不闚牖，見天道」（四七章）「常德不忒，復歸於無極」（二八章）的翻版；〈秋水〉又說：

牛馬四足，是謂天；穿牛鼻，是謂人。故曰：無以人滅天，無以故滅命，無以得殉名；謹守而勿失，是謂反其眞。（十七／五一至五二）

是者，它是以「天生之自然與人爲之妄作」形成對立區分，凸顯了生命之超越理想，同時它又提出無故、無得做爲修養的工夫，無故是不要有習氣偏見，無得是不要有私心固執，然修養的最後目的，卻非革故鼎盛、富有日新，而是返歸本眞、護持自我，凡此並功夫義與究竟義，無一不是老莊之協音也。

〈秋水〉最引人的一段話是：

以道觀之，物無貴賤；以物觀之，自貴而相賤；以俗觀之，貴賤不在己。以差觀之，因其所大而大之，則萬物莫不大，因其所小而小之，則萬物莫不小，知天地之爲稊米也，知毫末之爲丘山也，則差數睹矣；以功觀之，因其所有而有之，則萬物莫不有，因其所無而無之，則萬物莫不無，知東西之相反而不可以相無，則功分定矣；以趣觀之，因其所然而然之，則萬物莫不然，因其所非而非之，則萬物莫不非，知堯桀之自然而相非，則趣操睹矣。（十七／二九至三四）

王船山總述其義說：

夫既大小、有無、是非之無定，而從乎差類、功能、趣嚮、以觀，則又不妨大者自大，小者自小，貴者自貴，賤者自賤，各約其分而不必盡剷除之，以明一致，此大小貴賤之名所自立，存乎觀之者耳。觀之者因乎時，而不執成心以爲師，則物論可齊，而小大各得其逍遙矣。（註十七）

「不執成心以爲師」正是反省批判、轉化我執以合天德也，「物論可齊而小大各得其逍遙」則是無爲而無不爲的同體肯定，凡〈秋水〉之精義莫外於此，〈秋水〉之作者誠然是漆園老吏之知音也。

※　※　※　※

〈至樂〉的文章架構，是先以說明文的體例，清楚交代立論之旨意，終以說明文之方式總收做結，中間則穿插莊子妻死鼓盆而歌、支離叔問滑介叔、莊子夢中對話空髑髏、孔子告子貢以魯侯養海鳥之法、列子語百歲髑髏五段具體情節來舉證引申，「寓言十九，重言十七，卮言日出」（二七／一），莊書特殊之表達方式從〈至樂〉可以看出雛形。

〈至樂〉全文一氣呵成，裡面情節也呼應主題而環環相扣，故每段故事應連續接讀以尋求義理的聯貫，否則若抽離其有機之統一關係單獨去理解，就難免會產生誤解，此尤以「莊子夢中對話空髑髏」一段爲甚，王船山說：「此篇之說，以死爲大樂，蓋異端褊劣之教多有然者，而莊子尚不屑此。此蓋學於老莊，掠其膚說，生狂躁之心者所假託也，文亦庸沓無生氣。」（註十八）恐怕就是不能統觀全文才犯下智者之失。

〈至樂〉說：

> 吾以無爲誠樂矣，又俗之所大苦也，故曰至樂無樂、至譽無譽。天下是非果未可定也，雖然，無爲可以定是非；至樂活身，唯吾爲幾存，請嘗試言之：天無爲以之清，地無爲以之寧，故兩

無爲相合，萬物皆化；芒乎芴乎，而無從出乎，芴乎芒乎，而無有象乎，萬物職職皆從無爲殖，故曰天地無爲也而無不爲也，人也孰能得無爲哉！（十八／十一至十六）

從上面文字看來，〈至樂〉是以「無爲而無不爲」的境界，來形容人間最大的喜樂，這種喜樂是超越乎富貴安逸、感官享受之上而有別於一般世俗觀點的眞正快樂，所以是無樂之樂。〈至樂〉反對一般地世俗之樂，它說：

夫天下之所尊者，富貴壽善也，所樂者，身安厚味美服好色音聲也，所下者，貧賤夭惡也，所苦者，身不得安逸，口不得厚味，形不得美服，目不得好色，耳不得音聲。（十八／二至四）

諸如此類的人間好惡，其實都是多餘的，然而天下人就在這種虛妄分別、糊塗計較下，一直盲目尋求「趣樂避苦」之道，殊不知如此一來，人就成了名利的俘虜、慾望的奴隸，那又有什麼快樂可言？所以〈至樂〉又說：

吾觀夫俗之所樂舉群趣者，誙誙然如將不得已，而皆曰樂者，吾未之樂也，亦未之不樂也，果有樂無有哉？（十八／九至十一）

這就是它對世俗快樂的質疑，質疑代表著反省與批判，質疑的目的就是要彰顯出超越於世俗快樂之上的「無樂之樂」。

無樂之樂就是從有執有爲中解放超拔出來的清靜自在，而人生最大的執著就是對於形軀的計較與考慮，其最直接和最強烈的封閉性則是表現在生與死的念頭上，所以惟有能夠從死生的拘泥中超脫出來才是正本清源地為人生找到最大的快樂，這就是〈至樂〉為什麼會有「萬物皆出於機皆入於機」（十八／四五至四六）、「生者假借也，假之而生，生者塵垢也，死生為晝夜」（十八／二二至二八）等破除生死無明之主張出現的緣故了。

〈至樂〉那種破除生死無明的論調，最終的目的是要告訴我們，人其實是「未嘗死未嘗生也」（十八／四〇），知未嘗生則生不必執戀，知未嘗死則死亦不必恐懼，不執戀於生、不恐懼於死，那麼人就能依順生命之自然而逍遙無待了，〈刻意〉曾說：「聖人之生也天行，其死也物化」（十五／十），〈至樂〉的了脫生死也正是如此的瀟灑與不俗。〈大宗師〉說：「古之眞人，不知說生，不知惡死，其出不訢，其入不距，翛然而往，翛然而來而已矣」（六／七至八），〈至樂〉類於是也，胡遠濬先生注〈至樂〉說：「與大宗師同旨，而詞間涉詭激，讀者當不以辭害意」（註十九），這是公允的論斷。

〈至樂〉的目的是在消解人為的生死執著以證成生命理想無為無執的洒脫自在，而常人都是貪慕生、抗拒死的，為了批判這種不當的態度，〈至樂〉一方面提醒世人，生命本質之外的富貴名利都是負累，用富貴名利的追求與享受來潤飾生命不但是錯誤而且是有害的，這就好像魯侯在養海鳥一樣，他「御而觴之廟，奏九韶以為樂，具太牢以為膳」，結果「鳥乃眩視憂悲，不敢食一臠，不敢飲一杯，三日而死」，魯侯是「以己養養鳥也，非以鳥養養鳥也」（十八／三四至三五），相同地，富貴名利乃在生命之外，如果用富貴名利來潤飾生命，必定會使生命迷失在其中，「生」的執著也必定更不容易拔除，那麼一切的理想就將桎梏而亡了。

另一方面，〈至樂〉是用顚倒認知的方式告訴世人，生沒有好留戀的，說不定死會比生更快樂，文中兩則莊子的故事，都是在這種情況下披露出來的，很多人誤解在這兩則故事中，其宣示死亡的快樂，目的是要對生命放棄，這實在冤枉。吳光明先生談到空髑髏的故事時曾提及，也許有人會認爲〈至樂〉的作者很笨拙，他竟然遺忘空枯頭骨沒有眼眉可皺、沒有口舌可談、沒有腦髓可感、可享、可思考，「可是我們如遺棄這些基於常識的論議，而直接味讀這個故事，我們就可感受清風微微地吹通我們自己的頭蓋骨，我們自覺解放無累。……然後我們忽然醒悟了——這故事本是爲了我們活人寫的，針對我們這樣帶死活著的人。這故事究竟還是屬乎此世、深深入俗。」（註二〇）吳先生的啓發非常有意義，我想〈至樂〉的作者的用意，絕不在擺一個乾枯的死人頭骨向活人宣告死亡比生存更快樂；空髑髏沒有眉可皺、沒有腦可思，也沒有形軀的負擔和心知的識想，這應該才是〈至樂〉的作者所要傳達的訊息。空髑髏的南面之樂，正是擺脫形軀束縛與心知桎梏的無上快樂，那也是恬淡無爲、素樸天放之生命本眞所展現的無樂之樂，用空髑髏去反省生，就好像用無爲無執去反省迷戀生死的有爲有執一樣。顚倒認知的方式的確不是反省批判的好方法，但是如果我們能明白〈至樂〉的用意是在破除生死執戀的話，那麼對文中那些眩人耳目的寓言故事就可以多一些思考，以恰如其分地搜索出作者的苦心了。

※　※　※　※

〈山木〉最動人的是第一段「材與不材」的故事。在故事中，材是有用，不材是無用，然無論是材或不材卻都不能免於死難，這誠然是人生的一大困境，〈山木〉的作者設計這麼一個兩難的可能來考莊子，莊子先是開玩笑地說：「周將處乎材與不材之間。」（二〇／五）如果莊子永遠停留在這個選擇時，那麼莊子只是一個投機取巧的滑頭主義者，然莊子畢竟不凡，他在玩笑過後接著就愼重地說：

材與不材之間，似之而非也，故未免乎累，若夫乘道德而浮遊則不然，無譽無訾，一龍一蛇，與時俱化，而無肯專爲，一上一下，以和爲量，浮遊乎萬物之祖，物物而不物於物，則胡可得而累邪？（二〇／五至七）

這才是眞正的莊子，原來處乎材與不材之間者，仍不免要患得患失，尤其是他每次都要下賭注，每次都有輸贏的壓力，那怎麼不累呢？若是眞正能「虛己以遊世」（二〇／二四）者則不然，他沒有擔負、沒有牽掛、沒有意必固我，一切隨順萬物之自然，既不與萬物衝突而能永成心靈的安靜與人際的和諧，也不會被萬物所激蕩而可長保眞宰的在位與靈府的不離。「虛己以遊世」猶同於「與時俱化而無肯專爲」，那是超越乎材與不材的計較分別之上的「無材亦無不材」的玄境，而不是「處乎材與不材之間」、左顧右盼的牆頭草。

無肯專爲的沖虛玄德，要從離形去知的工夫中鍾煉出來，故〈山木〉說：

刳形去皮，洒心去欲，而遊於無人之野。（二〇／十四）

刳、去、洒都是批判的功夫，無人之野則是清虛靜專的世界，底下〈山木〉又說：

形莫若緣，情莫若率，緣則不離，率則不勞。（二〇／四四至四五）

「緣」就是與物冥而循大變，「率」就是順物之自然而無容私焉，立言分際各有不同，「無爲而無不爲」的道理卻是一樣；〈山木〉還說：

自伐者無功，功成者墮，名成者虧，孰能去功與名而還與眾人？道流而不明居，得行而不名處，純純常常，乃比於狂，削跡捐勢，不爲功名，是故無責於人，人亦無責焉，至人不聞。（二〇／三三至三五）

明眼人一看就知道，這和老子「聖人抱一爲天下式，不自見故明，不自是故彰，不自伐故有功，不自矜故長，夫唯不爭，故天下莫能與之爭」（二二章）的道理也是相通的。總之，〈山木〉的精神是沒有悖離老莊的。

※　※　※　※

〈田子方〉精采突出，它由十個小節組成，透過人物的對話，把道家的人生智慧具體的表達出來，而全篇之統宗會元處就只一個「虛」字了得，虛者，心不執也；不執則虛，虛則應物以成化，夫是之謂眞人、是之謂至人、是之謂全德之人，今試依文章之次序，詮明其義理。

本篇第一段情節是田子方和魏文侯的對話，田子方讚美他的老師東郭順子說：「其爲人也眞，人貌而天，虛緣而葆眞，清而容物，物無道，正容以悟之，使人之意也消」（二一／三至四），魏文侯聞之，皤然有悟，除美其爲「全德之君子」外，並感歎道：「始吾以聖知之言、仁義之行爲至矣，吾聞子方之師，吾形解而不欲動，口鉗而不欲言，吾所學者直土梗耳，夫魏眞爲我累耳。」（二一／五至七）「其爲人也眞，人貌而天」是指充盡人之本懷而徹底朗現天眞，此等精神境界就是「有人之形，無人之情」（五／五四），而顯即天即人之理想人格；「虛而葆眞，清而容物」是「致虛守靜」、「順物自然而無容私焉」的同義語，也顯示了無棄物、無棄人之寬大包容；「物無道，正容以悟之，使人之意也消」是消解我執我作，用我的清虛融通去感動萬物以取得物我的和諧，此彰顯了「無之以爲用」的神化不測；東郭順子這種修爲操持，當然能夠點化魏文侯，讓他怵然心動而感到羞愧，原來魏文侯念茲在茲的本在魏闕山河，於是他會拿聖知仁義當做治國的工具，這是爲滿足自己富國強兵之欲望而不惜扭曲聖知仁義的齷齪行徑，道家要治療的政治弊端，很多是指這種沈疴，今魏文侯聞至人之德而能解心釋形，亦是道心不不容已也。

道家反對虛文矯飾，「溫伯雪子舍於魯」與「莊子見魯哀公」兩段情節就是對那些虛矯的「鄒魯之士、搢紳先生」提出反省批判。溫伯雪子說：

> 中國之民，明乎禮義而陋乎知人心，昔之見我者，進退一成規、一成矩，從容一若龍、一若虎，其諫我也似子，其道也似父，是以歎也。（二一／十一至十二）

莊子則說：

魯少儒。……有其道者未必爲其服也，爲其服者未必知其道也。……以魯國而儒者一人耳。（二一／四一至四四）

〈田子方〉中的溫伯雪子和莊子他們兩人都在批評當時的儒生，而批評的理由是，這些魯國的菁英都不能免於教條主義與形式主義之窠臼，老子說：「絕聖棄知」、「絕仁棄義」（十九章），〈田子方〉可謂善述其義也。

道家之玄境又可名之爲「跡冥圓融」（註二一）。跡冥圓融是即跡即冥，即冥即跡，跡冥不二；執於跡固是陷溺，若執於冥，則冥亦成跡，也是陷溺，「仲尼答顏淵問」就是盛發此義。文中的孔子是一位能體諒「哀莫大於心死」（二一／十八）的證道者，他以其不死的心與時俱化，而顯道家之理想，他自況爲：

有待也而死，有待也而生，吾一受其成形而不化以待盡，效物而動，日夜無隙而不知其所終，薰然其成形，知命不能規乎其前，丘以是日徂。（二一／二〇至二一）

那完全是無私無執、與物相冥的智慧，至於顏淵則是執於冥而溺於跡，這當然不能與聞大道，顏淵說：

夫子步亦步也，夫子言亦言也，夫子趨亦趨也，夫子辯亦辯也，夫子馳亦馳也，夫子言道回亦言道也，及奔逸絕塵而回瞠若乎後者。夫子不言而信，不比而周，無器而民滔乎前，而不知所

以然而已矣。（二一／十五至十八）

顏淵的亦步亦趨還缺少一辨證的融合，故不能臻化境，究其原因則是拘於冥也，孔子對他說：「吾終身與汝交一臂而失之，可不哀與」（二一／二二至二三），就是爲這位高徒的缺少臨門一腳而感到惋惜，而這臨門一腳說來也簡單，它只有「忘」而已，故孔子最後說：

女殆著乎吾所以著也，彼已盡矣，而女求之以爲有，是求馬於唐肆也。吾服女也甚忘，女服吾也亦甚忘，雖然，女奚患焉？雖忘乎故吾，吾有不忘者存。（二一／二三至二四）

「忘乎故吾，吾有不忘者存」是道家「正言若反」的詭辭爲用，也是通過無爲以證成無不爲的玄境，莊子說：「離形去知，同於大通」（六／九二至九三），〈田子方〉知之矣。

「忘」的精義，亦蘊含於「宋元君將畫圖」、「文王見臧丈人」、「列禦寇爲伯昏無人射」、「肩吾問孫叔敖」與「楚王與凡君坐」等寓言中。總括其義，「宋元君將畫圖」在說明眞能畫者，乃「爵祿不入於心」（二一／四四）；「文王見臧丈人」明「典法無更、偏令無出」（二一／五二）、忘知忘爲國乃大治；「列禦寇爲伯昏無人射」明「死生不入於心」乃能「上闚青天，下潛黃泉，揮斥八極，神氣不變」而臻「至人」之境界（二一／四五；六〇至六一）；「肩吾問孫叔敖」明忘懷得失乃能死生不變於己；「楚王與凡君坐」明凡君能忘其國復忘別人之國，終於證成「凡未始亡而楚未始存」（二一／七〇）的無掛無憂，〈大宗師〉說：「參日而後能外天下，……七日而後能外物，……九日而後能外生，……而後能朝徹，朝徹而後能見獨，見獨而後能無古今，無古今而後能入於不死不生，殺生者不死，生生者不生，其爲物無不將也，無不迎也，無不毀也，無不成也，其名爲攖寧，攖寧也者，攖而後成者也」（六／三九至四三），今觀〈田子方〉數則寓言，亦類於〈大宗師〉矣。

〈田子方〉中有一段老聃與孔子的對話，文中的孔子當然不必是前面提過那位與顏淵對話的孔子，而只是被拿來做烘托的配角而已，文中對於本根道體生畜萬物的描述仍不外乎「莫見其形」、「莫見其功」、「無端」、「莫知乎其所窮」（二一／二八；二九）等，這和《道德經．十四章》：「視之不見名曰夷，聽之不聞名曰希，搏之不得名曰微。此三者，不可致詰，故混而爲一，其上不皦，其下不昧，繩繩不可名」的觀念是一致的，它那些帶有宇宙論意義的語句顯然也是承襲《道德經》而來，但無論如何，生命理想的終極關懷在老莊還是首出庶物的，那個無心以成化的超越道體在〈田子方〉中終將被吸納到人的生命中來，以做爲生命意義圓現的依據與歸趣，故老聃曰：

夫得是者，至美至樂也。得至美而遊乎至樂，謂之至人。（二一／三〇）

至人之所以能既美且樂，是他能體證無心以成化的超越道體，勘破生死得失毀譽的計較故也，故老聃又曰：

夫天下也者，萬物之所一也，得其所一而同焉，則四支百骸將爲塵垢，而死生終始將爲晝夜，而莫之能滑，而況得喪禍福之所介乎？……且萬化而未始有極也，夫孰足以患心，已爲道者解乎此。（二一／三二至三五）

至於此一至美至樂之境界，亦只是素樸天放、恬淡自然以使物各復物而已，文中老聃提醒我們：

「夫水之於汋也，無爲而才自然矣，至人之於德也，不修而物不能離焉，若天之自高，地之自厚，日月之自明，夫何修焉。」（二一／三六至三七）此正和《道德經》「天下神器不可爲也，爲者敗之，執者失之」（二九章）、「我無爲而民自化，我好靜而民自正，我無事而民自富，我無欲而民自樸」（五七章）的訓示，有異曲同工之妙也。〈田子方〉還說：

古之眞人，知者不得說，美人不得濫，盜人不得劫，伏戲黃帝不得友，死生亦大矣而無變乎己，況爵祿乎？若然者，其神經乎大山而無介，入乎淵泉而不濡，處卑細而不憊，充滿天地，既以與人己愈有。（二一／六六至六八）

這一段內容，除了最後一句乃《道德經》「既以爲人己愈有，既以與人己愈多」（八一章）之變文外，其餘亦莫不在模仿內七篇之筆調與義理。吾人竊謂〈田子方〉必列外篇之上駟，不知大方之家以爲然否？

※　※　※　※

〈知北遊〉是外篇的殿軍，全文的重點是在彰顯去知去執的重要，並對「無爲而無不爲」的生命理想耳提面命，「批判反省同體肯定」的義理表達在文中也常常出現，從任何角度來看，它都是很老莊的作品，無怪乎歷來之治莊者，對它幾乎都沒有微詞。〈知北遊〉全文甚長，各章節之間，意義亦有重沓者，然輕重有別，只總述其義，恐有遺珠之憾，今依王先謙《莊子集解》之分段，逐一董理其旨，亦不失全盤掌握之方也。

自「知北遊於玄水之上」至「以黃帝爲知言」是第一段。此段要在申訴「知者不言，言者不知」（五六章）之旨，除強調道是超名言概念、非觀解認知所能摹擬外，更有「去知」之工夫提示，文中兩引《道德經》三八及四八章，並附會十六章之「歸根復命」，可爲明證。其次，本段亦著眼於生死執著之破除，並認爲此乃聖人修養之道，原文說：

生也死之徒，死也生之始，孰知其紀！人之生，氣之聚也，聚則爲生，散則爲死。若死生爲徒，吾又何患，故萬物一也，是其所美者爲神奇，其所惡者爲臭腐；臭腐復化爲神奇，神奇復化爲臭腐，故曰：通天地一氣耳。聖人故專一。（二二／十至十三）

細繹其中深意，正是要人認清生死本是氣之聚散，美醜亦是對待互成，凡此都不可執，惟有超越有待，體證絕對，才是人生之正途，文中「聖人故專一」的一，當是指絕對的道，人誤以爲「一」是通天地的「一氣」，而說〈知北遊〉有氣化論之嫌疑，甚至說它是唯物論（註二三）當非善解，吾意，從氣之聚散說生死，只明生死本無常而不可必也，因氣本芒芴不定，以之假借最易讓人心領神會，故外篇常用之，如〈至樂〉曾說：

察其始而本無生，非徒無生也，而本無形，非徒無形也，而本無氣，雜乎芒芴之間，變而有氣，氣變而有形，形變而有生，今又變而之死。（十八／十七至十八）

諸如此類，就都是可相互發明的例證，若拘泥文字，必以爲是氣化論或唯物論，將難免「誤指爲月」之識也。

自「天地有大美而不言」至「可以觀於天矣」爲第二段。「天地有大美而不言，四時有明法而不議，萬物有成理而不說」（二二／十六至十七）猶如〈齊物論〉之「大道不稱，大辯不言，大仁不仁，大廉不慊，大勇不忮」（二／五九），既明凡絕對著必不受人爲之名言概念所封限，亦明凡絕對者終不必逞強標榜，故「原天地之美而達萬物之理」之聖人或至人，必只是玄鑑觀照天地萬物之「無爲」也、「不作」也（二二／十七至十八），苟能如此則「惛然若亡而存，油然不形而神，萬物畜而不知」（二二／二〇至二一），而顯無爲而無不爲之玄境。

自「齧缺問道乎被衣」至「彼何人哉」爲第三段。文中齧缺曰：「若正汝形，一汝視，天和將至；攝汝知，一汝度，神將來舍。德將爲汝美，道將爲汝居，汝瞳焉如新出之犢而無求其故」、「形若槁骸，心若死灰，眞其實知，不以故自持，媒媒晦晦，無心而不可與謀」（二二／二三至二四），乃附和〈人間世〉「夫徇耳目內通而外於心知，鬼神將來舍，而況人乎？是萬物之化也，禹舜之所紐也，伏戲几蘧之所行終，而況散焉者乎」（四／三二至三四）的說法，文雖刻板，義則不謬。

自「舜問乎丞」至「胡可得而有邪」爲第四段。此段以身軀、性命、孫子皆「天地之強陽氣」（二二／二八）而非人之所專有爲由，來破除人的我私我執與生死迷惑。

自「孔子問於老聃」至「奚足以爲堯舜之是非」爲第五段。「汝齋戒疏瀹而心，澡雪而精神，掊擊而知」（二二／二九）是老聃向孔子建議的工夫把柄，「離形去知」的主張似乎又被重複認定。復次，老聃說：

夫昭昭生於冥冥，有倫生於無形，精神生於道，形本生於精，而萬物以形相生。……其來無跡，其往無崖，無門無房，四達之皇皇也。（二二／三〇至三一）

這是文中之老聃對形上道體全體大用的體認，與《道德經》第一、十四、二一、二五章相較，本段論道之性格與作用並未歧出，惟文字有不洽處，尤其「精」和「精神」同行出現，易遭混漫。「形本生於精」的「精」猶如「其中有精其精甚眞」（二一章）的「精」，都是指道而言，「精神生於道」之「精神」和「澡雪而精神」之「精神」一樣，都是形而下的，乃泛指人的意識能力與生命動力等，若誤其爲形上道體的「精」，則「精神生於道，形本生於精」一語將成爲「道生精神，精神生形本」，義頗彆扭，今以精神乃形而下者，與形本（本是体的省文，形本即形体）同屬一層，道與精乃形而上者，形上形下整齊並立，則兩句對舉成文，義既顯豁，詞亦工整。

純粹形上學的興趣並非老子的獨衷，他的終極關懷還是在生命價值的理想實現，〈知北遊〉踵事此義，故老聃論完道之形上性格之後，立即說：

邀於此者，四肢彊，思慮恂達，耳目聰明，其用心不勞，其應物無方，天不得不高，地不得不廣，日月不得不行，萬物不得不昌。（二二／三二至三三）

這又是對證道聖人「無爲而無不爲」境界最完整的形容，至於「自本觀之，生者喑醷物也，雖有壽夭，相去幾何，須臾之說也，奚足以爲堯桀之是非」（二二／三六至三七），則是在凸顯超越絕對之理想，對照說明凡有限之生死毀譽皆不足以攖其心，視之為工夫與境界之補充說明可也。

自「果蓏有理」至「王之所起」為第六段。明聖人不是拱默山林，而是遊走人間，其處世之道是：「遭之而不違，過之而不守」（二二／四三），這又和「不將不迎」相吻合，然〈應帝王〉認為至人之所以能臻此境，是因為聖人「無為名尸，無為謀府，無為事任，無為知主，體盡無窮而遊無朕，盡其所受乎天而無見得」（七／三一至三二）故也，總之，聖人是以無執的虛心去面對天地萬物，才能「不將不迎，應而不藏，勝物而不傷」（七／三二至三三），而〈知北遊〉卻說：「調而應之，德也；偶而應之，道也」（二二／三八至三九），這未免過於粗疏，然細味其意實又不然，蓋「調」訓為和，「偶而應之」又是無心以應化（註二三），合起來說亦是「順物自然而無容私焉」（七／十一）之寫照，則先前誤為粗疏者其實是簡約也。

自「人生天地間」至「乃大歸乎」為第七段。言死生無常，人於此每生傷悲，但是若能「解其天弢，墮其天袠」，則可以「紛乎宛乎，魂魄將往，乃身從之，乃大歸乎！」（二二／四一），王先謙解此為：「形骸束縛，死則解墮」（註二四），其喜死厭生之情溢於言表，恐非善解。按：解墮是超脫形軀之限別，「紛乎宛乎，魂魄將往，乃身從之」同於〈大宗師〉之「攖寧」或「攖而後成者也」（六／四三），「乃大歸乎」則是生命歸於大道，亦即「朝徹見獨」（六／四一）。

自「不形之形」到「此之謂大得」是第八段。此段是呼應首段之開宗明義。「至則不論，論則不至，明見無值，辯不若默，道不可聞，聞不若塞，此之謂大得」（二二／四二至四三）明「道可道，非常道」（首章）也。

自「東郭子問於莊子」至「彼爲積散非積散也」爲第九段。本段中有莊子答東郭子曰道無所不在，有些學者據此遂目莊子爲泛神論或泛道論者（註二五），這是否恰當，乃比較哲學的探究範圍，如就道家之生命哲學來說，道之無所不在、無物不在，正充分顯示對天地萬物的肯定與尊重，當然這個肯定是來自莊子無執之心靈的；「汝唯莫必，無乎逃物」（二二／四六至四七），莫必者不執著、拘泥也，無乎逃物者，面對外物而不將不迎也，莊子以此忠告東郭子，其實就是自己的體悟，莊子認爲惟能「無」才能「乘天地之正，而御六氣之辯，以遊無窮」（一／二一），所以下文又說：

嘗相與遊乎無何有之宮，同合而論，無所終窮乎！嘗相與無爲乎！澹而靜乎！漠而清乎！調而閒乎！寥已吾志，無往焉而不知其所至，去而來而不知其所止，吾已往來焉而不知其所終，彷徨乎馮閎，大知入焉而不知其所窮。（二二／四七至五〇）

「唯莫必，無乎逃物」表達了「從批判反省到同體肯定」的義理特色，也凸顯了「無爲而可無不爲」的境界玄妙，若分析地講，莫必是體（以無執之眞宰靈府爲體）、無乎逃物是用（讓開一步、同體肯定的用），然有體必有用，用不離體，則「莫必」乃類比於道而具備存有論的性格，以此莫必、無執的道心去說明天地萬物之存在，此即牟先生所謂「無執的存有論」或「境界型態的形上學」，本段中之所以會有一存有論式的描述，就是從莫必而不逃乎物引申而來的，該描述是：

物物者與物無際，而物有際者，所謂物際者也。不際之際，際之不際者也。謂盈虛衰殺（註二

> 六）。彼爲盈虛非盈虛，彼爲衰殺非衰殺，彼爲本末非本末，彼爲積散非積散也。（二二／五〇至五二）

物物者是本體之道，有際者是現象之物，此文既明道之超越義、又明道之生畜義與普遍內在義，凡此皆老莊之形上學所蘊含者。

自「妸荷甘與神龍學於老龍吉」至「及爲無有矣何從至此哉」包括十、十一、十二共三段，因內容重沓，故一併處理。三段謂道或「視之無形、聽之無聲」（二二／五六），或「不可見、不可聞、不可言、不當名」（二二／六二至六三），或「視之而不見，聽之而不聞，搏之而不得」（二二／六六至六七），並以忘名忘知無求無爲來形容體道之人，《道德經》中窈兮冥兮的道，與〈逍遙遊〉之「至人無己，神人無功，聖人無名」（一／二二至二三），被巧妙地整合在一起，頗見匠心之獨運。

第十三段大馬捶鉤之寓言，文中「假不用者以長得其用」（二二／六九至七〇），其實就是「以無爲爲據而可無不爲」之比喻；第十四段冉求問於仲尼，強調死生皆物，惟道常留，既破生死執著，又顯超越理想，破妄立眞一併皆得也。

最後第十五段是顏回與孔子的對話。顏回問孔子不將不迎是什麼境界，孔子先是回答「外化而內不化」（二二／七七）、「與物化者，一不化者也，安化安不化，安與之相靡，必與之莫多」（二二／七八至七九），「外化而內不化」、「安化安不化」兩句中都有天人超越區分的意義；接著孔子又說：「聖人處物不傷物，物亦不能傷也，唯無所傷者，爲能與人相將迎」（二二／八〇至八一）這就是同體的肯定，也表達出辨證融合之化境，而全文最後以「至言去言，至爲去爲」（二二／八四）做結尾，不但點出通篇之穴眼，也再一次印證〈知北遊〉作者通於老莊的情懷了。

※　※　※　※

用逐篇考察的方式來說明外雜篇生命理想的歸趣，結果使得體例鬆散，文章冗長，但這是不得已的辦法，理由很簡單，因爲外雜篇並非一人一時一地的作品，它雖然是郭象所篩選過的，畢竟還有相互的差異，如果不逐篇個別去探討，只籠統面對全部經典，東引一句、西抄一段，然後就設立命題進行推理導出結論，認定外雜篇是如何如何，這種做法表面上雖似嚴謹而漂亮，卻不免有移花接木之嫌，而且東挑西選的結果，勢必也會忽略很多篇章和意見，在兩害相權之下，我只好取其輕者。

當我們逐一面對外雜篇文獻時，發現它們的確是太複雜了，詞彙的出入自不在話下，表達方式則包括議論說明、對話傳眞、託言寄意等，而「意在於此言在於彼」的弦外之音，因註家的立場，也可能有好幾種不同的解讀，所以我就只好儘量讓文獻自己說話。然而文獻的意見是需要我們先提問題問它，它才會表示的，於是我又以第二章對老莊之考察所得的結論，包括「無的作用」、「無爲而無不爲」、「批判反省同體肯定」、「天人超越區分與辨證融合」等等，向外雜篇的作者查詢，結果答案是蠻一致的，我認爲外雜篇「體性抱神、法天貴眞」的生命理想，無論是就工夫和境界言，在大方向、大原則上，和老子的「返樸抱一」與莊子的「全德葆眞」是並不相違背的。

【註釋】

註一：〈刻意〉、〈秋水〉、〈山木〉、〈漁父〉性字都只出現一次，而且都不具有超越義，顯見這幾篇的作者不從性去思考人的天眞本德，性在他們的系統中，僅是天生之實然而已：但〈盜跖〉篇性共出現四次之多，而我在正文中提到的，乃節錄自寓言人物「無足」（不知足之迷妄者）與「知和」（知止之覺悟者）之對話：「無足」先誤解欲惡去就是人的性，「知和」於是順著「無足」的理路告訴「無足」，當大患臨頭時，雖盡性竭財仍不能或免；「無足」的所謂性，顯然不足以被斷定是〈盜跖〉之作者對性的定義。在該篇中另外兩次提到性，一是：「小人殉財，君子殉名，其所以變其情、易其性則異矣，乃至於棄其所爲而殉其所不爲則一也」（二九／七〇至七一），二是：「勢爲天子而不以貴驕人，富有天下而不以財戲人；計其患，慮其反，以爲害於性，故辭而不受也」（二九／八八至八九），前者的性當指本眞天德無疑，後者還是「知和」說給「無足」聽的話，其中的「性」有可能附和「無足」之意見，指一般之習氣生命，也有可能是「知和」心目中的天德眞性，因爲認知上存在著歧義，所以只能用「幾乎」來涵蓋。

註二：《莊老通辨》頁二八六。

註三：有關《中庸》首章即天即性即道之義理含蘊，楊祖漢先生言之甚詳，可參見楊先生《中庸義理疏解》（台北鵝湖，一九八四）頁九八至一〇九，本文重點固不在《中庸》，暫不予細究。

註四：陳壽昌《南華眞經正義·庚桑楚》頁十。台北新天地，一九七二。

註　五：《莊子解》頁一九六。

註　六：《莊子解》頁七六。

註　七：陳鼓應先生《莊子哲學探究》頁一一一。台北作者自印本，一九七五。

註　八：同前註頁一一五至一一六。

註　九：同註六。

註　十：轉引自丁福保《佛學大辭典》頁一七〇一。台北佛教景本，一九七七。

註十一：徐復觀先生說：「若勉強說性與德的分別，則在人與物的身上內在化的道，稍微靠近抽象地道的方面來說時，便是德；貼近具體形的方面來說時，便是性。」（《中國人性論史，先秦篇》頁三七二）徐先生的分別不能說錯，但未免失於簡單含糊，現在我改用因位和果位的不同來做區分，則眉目較清楚。又〈庚桑楚〉中提過「道者德之欽也，生者德之光也，性者生之質也」（二三／七〇），我一直懷疑原文應是「道者德之欽也，德者性之光也，性者生之質也」，因爲這樣讀起來比較順口，《中庸》首章說：「天命之謂性，率性之謂道，修道之謂教」，就是這種句法，如果這個懷疑沒有錯的話，那麼〈庚桑楚〉就和〈天地〉一樣，也以因位和果位來分別性與德了，但因爲我沒有其他文獻的支撐，所以只好存疑，不敢有所造次。

註十二：李澤厚先生《中國古代思想史論》頁二〇二至二〇四；坊間翻印本。

註十三：蒙培元先生《中國心性論》頁四八；台北學生，一九九〇。

註十四：同註六。

註十五：原文是「通於天地者德也，行於萬物者道也」（十二／三至四），今據王叔岷先生之意見校改之。王先生係依據陳碧虛之《莊子闕誤》而更動原文，詳見氏著《莊子校詮》頁四一五；台北中研院史語所，一九八八。

註十六：陳鼓應先生根據之舊說合古今學者計七家，詳見氏著《莊子今註今譯》上冊頁三七六至三七八；台北商務，一九七五。

註十七：《莊子解》頁一四三。

註十八：同前註頁一四九。

註十九：胡遠濬先生《莊子詮詁》頁一四一；台北商務台印版，一九〇八。

註二〇：吳光明先生《莊子》頁二二〇；台北東大，一九八八。

註二一：參見《才性與玄理》頁一八七。

註二二：馮友蘭先生《中國哲學史論文初集》頁十四；坊間翻印本。

註二三：「偶而應之」成玄英解爲「逗機應物」（《莊子集釋》頁七四六），宣穎說：「泛然無心乃爲合道」（《莊子南華經解》頁一六五），陳壽昌說：「偶然相値，虛己以爲應」（《南華眞經正義・知北遊》頁五七），錢穆先生引陸長庚說：「無心爲之者也」（《莊子纂箋》頁一七六），綜合數家意見，可知「偶而應之」乃無心以應化也。

註二四：王先謙《莊子集解》點校本頁一八九；台北木鐸翻印，一九八八。

註二五：參見張恒壽先先《莊子新探》頁三三〇（湖北人民，一九八三）；吳康先生《莊子哲學》頁七三、八七（台北商務，一九八七）；李澤厚先生《華夏美學》頁八五（台北時報，一九八九）。

註二六：原文作「盈虛衰殺」，胡遠濬先生說「衰疑裒字之訛。裒，聚也，裒殺，猶言益損。」（《莊子詮詁》頁一八〇）按盈虛與益損對舉成文，胡先生之改定確有見地，今從之，下文亦同。又王叔岷先生說：「盈虛相反，衰殺一義。疑衰本作長，衰、長形近，又因殺字聯想而誤也。長殺，猶消長。」（《莊子校詮》頁八三三）王先生、胡先生所見略同，然長殺不如裒殺，故以胡先生之說爲據。

第五章 結 論

道家思想是中國文化的主流之一，幾千年來老莊對於中國人的影響，可以說無遠弗屆，但弔詭的是，老莊其人其書的年代問題以及他們的義理眞象，卻是被討論最多、也最衆說紛云者，而在這麼多的詮釋與評價中，往往出現兩極化傾向，如以老子爲例，有人認爲他是工於心機的權謀主義者，有人卻認爲他是具有強烈關懷的智者，有人認爲老子走歷史回頭路，主張退化史觀，也有人說他是文明的守護神；再說莊書外雜篇，有人以爲是莊子到淮南子之間道家雜俎，也有人認爲是眞正代表莊子思想且大部分是莊子所親寫的佳作，凡此林林總總，不一而足，當面對著這麼充滿複雜性與爭議性的學術成果時，不免會引起人的驚奇，而有再探驪珠的衝動，本文的寫作意願，就是這樣被激發出來的。

然而任何一次的學術探險，絕不可能光憑自己的赤手空拳就能披荊斬棘、另闢蹊徑，要之，能沿著前輩學人所辛勤走出的康莊大道，再仔細而謹愼地摸索前進，也許更容易發現眞理的花團錦簇，我期許著本文的研究成果能被肯定，但目前洋溢在我整個腦海的，卻是對所有前輩學人的尊敬與謝意，因爲他們寶貴的心血結晶，不但給了我再思索的勇氣與決心，也提供我學習的後盾與基礎。

本文所直接處理的，是《道德經》五千言及三十三篇的《南華眞經》，原先的意思是想對莊書外雜篇重作評估，並釐清一條道家思想的發展脈絡，而所以會選定生命哲學爲論述之主軸，則是基於吾人對中國哲學的認知。吾人以爲，中國的儒釋道三家，其立教本懷都不離乎生命的尊重與關切，一切的危言讜論，亦莫不環繞人的價值理想而發用，儒釋道都是從生命的關懷開始，然後才有形上學、知識論、方法論、等其他學問的萌芽，故正本清源，生命哲學才是他們的思想核心，惟有從生命哲學中尋出他們的同異，才能斷定他們彼此的特色；相對於老莊與莊子的後學而言，也是如此，若欲辨析他們之間的大本大異，非生命哲學的眞切講明，無以竟其功；總而言之，我認爲惟有對於道家生命學問的探究，才是重估外雜篇價值的有效依據。

當然在探究生命的學問時，一定離不開生命主體的確立、功夫實踐的發皇、以及境界理想的圓現等問題的討論，因此在第二章中，我先以主體、功夫、境界三者構成一解釋學的循環，反複判讀《道德經》與南華七篇的義理思想，結果確實肯定老莊的生命主體是「全幅是無的作用」之無執之體，此無執之體說它是靈臺心也好，說它是虛靜心也好，它畢竟是清虛無爲之體，而非創化生育之體；其次，我也證成道家之功夫義是以消融批判爲擅長，它是減擔法，而非富有日新之因革損益；最後在境界上我更清楚掌握老莊「無爲而無不爲」的玄妙義旨，而以「從天人的超越區分到即天即人的合德」來交代他們和諧的辨證觀。有了第二章的成績，就奠定了檢測外雜篇的標準，但在第三章，我卻先從外延形式來考察外雜篇，理由之一就是希望能過濾一些不相干的篇章，以節省敘述的幅度，在這一章裡面，我以道、德、眞、常爲線索，從文獻語彙的遞邅上，把老莊與外雜篇的聯帶關係約略先勾勒出來，然後拿老莊常用的「批判反省同體肯定」之義理形式，全面性校勘外雜篇所有文獻，結果把〈讓王〉、〈說劍〉揀別出來，將它們剔除在研究範圍之外。第四章則是實質地去反省外雜篇生命哲學的內容，由於我原先就接受大部分前輩學人的意見，將外雜篇視之爲莊子後學的總集，爲了顧及各篇的獨立性，所以就採取逐篇疏導的方式來處理，這個處理方式不可或免的造成該章體例鬆散、文字冗長的缺憾，但我覺得這是値得的，因爲惟有這樣，才能眞正做到客觀公允，若是打破篇章只做選擇性的推理論證，都免不了會有蜻蜓點水、隔霧觀花的毛病。

在第四章中，我選定主體與境界兩項課題，分別展開對外雜篇的研究，在分量的調配上則顯出輕重之不同，造成這種現象的原因，固然一方面是因爲每篇的長度原本就不相同，觀念的多寡與深入與否也不一樣，然而還有一個更重要的因素，那就是凡比較具有爭議性的篇章，我就多方予以釐析講明，以致篇幅明顯增加，此猶以〈駢拇〉、〈馬蹄〉、〈盜跖〉、〈漁父〉爲最。最令人振奮的是，在經過逐一的檢索與比對之後，我發現在生命理想的大方向及工夫方法、實踐主體的基本認知上，外雜篇並沒有偏離老莊的軌道，以前唐君毅先生曾做過內七篇與外雜篇的分別比較（註一），他看出外雜篇與內七篇存在著各種歧異，「自其異者視之，肝膽楚越也」（五／七），唐先生進行的是離堅白的工作，他當然能看出內外雜的區別，而如果用這種方式去了解老莊的話，老莊之間當然也會有很大的差異，今天我進行的卻是合同異的工作，但絕不是「自其同者視之，萬物皆一也」（五／七）的玄冥妙合，而是以負責的態度，讓文獻充分表達意見以極成其意，結果發現不但老莊相同，連內外雜也是一脈相承的，惟我的研究成果也不必然和唐先生的看法有矛盾之處，我覺得唐先生是以微觀的角度來詮釋外雜篇，那是大開的工作，我則是以宏觀的視野做大合的工作，兩者實可並行不悖也。

最後還有一點補充。基於正文中對道家生命理想的了解，我反對把老子看做權謀論或退化論者，也反對把莊子當做是迷信精神勝利法的阿Q，我覺得他們是充滿悲心大願的人間行者，李澤厚先生說：「老子講權術，重理智，確乎不動情感；『天地不仁，以萬物爲芻狗；聖人不仁，以百姓爲芻狗。』莊子則道是無情卻有情，外表上講了許多超脫、冷酷的話，實際裡卻深深地透露出對人生、生命、感性的眷戀和愛護，這正是莊子的特色：他似乎看透了人生和生死，但終於並沒有捨棄和否定它。」（註二），李先生對莊子的了解是正確的，莊書中有十二篇曾出現「悲夫」之歎詞，有些篇章還不只出現一次，印證了莊子強烈的社會關懷性格，但李先生顯然是誤會了老子，王師邦雄曾引《道德經》四九章來解第五章，他說不仁不是冷酷，芻狗不是棄絕，不仁是無心放開，芻狗是回歸自然（註三），這才合乎老子「常善救人故無棄人，常善救物故無棄物」（二七章）的同體關懷，原來在那麼一個世道疲弊禮樂崩壞的時代，當人們狃習於虛文矯飾，統治者又常常肆無忌憚地拿仁義來操控宰制百姓時，老子回歸自然的獅子吼，不正是充滿人性呼喚的空谷跫音嗎？

不過話再說回來，道家的悲心大願因爲不像儒家那樣，有超越而內在的道德主體來支撐，所以無法積極地在人倫人用之間講信修睦以人文化成天下；他們的「無爲而無不爲」只能盡到慰藉或療傷止痛的責任，終究無法體證於穆不已的創造眞幾以參贊天地之化育，甚且，由於道家思想純粹只是無的作用，它雖能蕩相遣執、融通淘汰，卻不意主動提供正面之方向與價值，使之天下文明並保合太和以利貞，是故，若沒有一個可以貞定價值理想的學問在前面，只一味凸顯道家之無關心地滿足的話，其末流將不能免於虛玄而蕩的弊端，甚至於若無視於精神理想本來就可以有高明配天、德厚配地之眞義，而只是堅執於批判反對，一往不復，也將因爲失去生命理想的支撐點，以致上不在於天，下不在於田，而成爲漫無歸宿之遊魂，凡此數端皆影響深遠，世之言老莊者，誠應引以爲戒。

【註釋】

註 一：參見唐君毅先生《中國哲學原論，原道卷篇一》頁四〇〇至四二四。

註 二：李澤厚先生《中國古代思想史論》頁二一二。

註 三：參見王師邦雄《人間道》頁一二八至一三〇；台北漢藝，一九九一。

參考書目(依姓氏筆劃順序)

壹、專著部分

王邦雄:《中國哲學論集》,台灣學生書局,民國七二年。
〃 〃:《老子的哲學》,台北東大圖書公司,民國六九年。
〃 〃:《儒道之間》,台北漢光文化公司,民國七四年。
〃 〃:《人間道》,台北漢藝色研文化公司,民國八〇年。
王船山:《莊子解》,台北河洛圖書出版社,民國六三年。
王先謙:《莊子集解》,台北木鐸出版社,民國七七年。
王叔岷:《莊子校詮》,台北中研院史語所,民國七七年。
王 煜:《老莊思想論集》,台北聯經出版公司,民國六八年。
方東美:《中國哲學之精神及其發展》上冊,台北成均出版社,民國七三年。
〃 〃:《原始儒家道家哲學》,台北黎明文化公司,民國七二年。

〃〃：《中國人的人生觀》，台北幼獅文化公司，民國六九年。
方穎嫻：《先秦道家與玄學佛學》，台灣學生書局，民國七五年。
牟宗三：《心體與性體》第一冊，台北正中書局，民國五七年。
〃〃：《才性與玄理》，台灣學生書局，民國六七年台再版。
〃〃：《現象與物自身》，同上，民國六四年。
〃〃：《中國哲學十九講》，同上，民國七二年。
〃〃：《圓善論》，同上，民國七四年。
任繼愈：《中國哲學發展史・先秦》，北京人民出版社，一九八三年。
成中英：《知識與價值——和諧、眞理與正義的探討》，台北聯經出版公司，民國七五年。
余英時：《歷史與思想》，台北聯經出版公司，民國六五年。
余培林：《新譯老子讀本》，台北三民書局，民國六二年。
余　雄：《中國哲學概論》，台北源成圖書供應社，民國六六年翻印。
李澤厚：《中國美學史》，台北谷風出版社，民國七六年台版。
〃〃：《華夏美學》，台北時報文化出版社，民國七八年。
〃〃：《中國古代思想史論》，坊間翻印本。
李　杜：《中西哲學思想中的天道與上帝》，台北聯經出版公司，民國六七年。

李玉杜：《莊子齊物論思想之詮釋與建構》，私立中國文化大學哲研所碩士論文，民國七七年。
吳　康：《老莊哲學》，台灣商務印書館，民國七六年修訂版。
吳經熊：《哲學與文化》，台北三民書局，民國六〇年。
吳光明：《莊子》，台北東大圖書公司，民國七七年。
吳　怡：《逍遙的莊子》，台北東大圖書公司，民國七五年。
林雲銘：《莊子因》，台北廣文書局，民國五七年。
林希逸：《莊子口義》，台北弘道文化公司，民國六〇年。
林聰舜：《向郭莊學之研究》，台北文史哲出版社，民國七〇年。
宣　穎：《莊子南華經解》，台北宏業書局，民國六六年。
胡遠濬：《莊子詮詁》，台灣商務印書館，民國六九年台二版。
袁保新：《老子哲學之詮釋與重建》，台北文津出版社，民國八〇年。
高　亨：《老子正詁》，台灣開明書店，民國五七年。
唐君毅：《中國哲學原論．原論篇》，香港人生出版社，民國五五年。
〃　〃：《中國哲學原論．原性篇》，香港新亞研究所，民國五七年。
〃　〃：《中國哲學原論．原道篇卷一》同上，民國六二年。
唐端正：《先秦諸子論叢》，台北東大圖書公司，民國七〇年。

〃〃：《先秦諸子論叢續篇》，同上，民國七二年。
徐復觀：《中國人性論史．先秦篇》，台灣商務印書館，民國五八年。
〃〃：《中國藝術精神》，台灣學生書局，民國五五年。
郭慶藩：《莊子集釋》，台北河洛圖書公司，民國六三年。
陸九淵：《陸九淵集》，台北里仁書局，民國七〇年。
張默生：《莊子新釋》，台北漢京文化公司，民國七二年。
張恒壽：《莊子新探》，湖北人民出版社，一九八三年。
張立文：《道》，北京中國人民大學出版社，一九八九年。
陳壽昌：《南華眞經正義》，台北新天地書局，民國六一年。
陳奇猷：《呂氏春秋校釋》，台北華正書局，民國七七年。
陳鼓應：《老子今註今譯及評介》，台灣商務印書館，民國五九年。
〃〃：《莊子今註今譯》，同上，民國六四年。
〃〃：《莊子研究》，同上，民國五五年。
〃〃：《莊子哲學探究》，作者自印本，民國六四年。
馮友蘭：《中國哲學史》，坊間翻印本。
〃〃：《中國哲學史論文初集》，同上。

勞思光：《中國哲學史》，香港崇基書院，一九六八年。
焦　竑：《莊子翼》，台北廣文書局，民國五九年。
黃錦鋐：《新譯莊子讀本》，台北三民書局，民國六三年。
〃　〃：《莊子及其文學》，台北東大圖書公司，民國六六年。
楊祖漢：《中庸義理疏解》，台北鵝湖出版社，民國七三年。
傅偉勳：《從創造的詮釋學到大乘佛學》，台北東大圖書公司，民國七九年。
傅佩榮：《儒道天論發微》，台灣學生書局，民國七四年。
葉海煙：《莊子的生命哲學》，台北東大圖書公司，民國七九年。
鄔昆如：《莊子與古希臘哲學中的道》，台北國立編譯館，民國七一年。
蒙培元：《中國心性論》，台灣學生書局，民國七九年。
劉建國：《中國哲學史料學概要》吉林人民出版社，一九八三年。
劉笑敢：《莊子哲學及其演變》，北京中國社會科學出版社，一九八七年。
蔣錫昌：《老子校詁》，台北東昇出版社，民國六九年。
樓宇烈：《老子周易王弼注校釋》，台北華正書局，民國七十年。
錢　穆：《先秦諸子繫年》，台北東大圖書公司，民國七五年東大新版。
〃　〃：《莊子纂箋》，台北東大圖書公司，民國七四年重印。

〃　〃：《莊老通辨》，同上，民國八〇年東大新版。
〃　〃：《中國思想史》，台灣學生書局，民國七七年六版。
關　鋒：《莊子內篇譯解和批判》，北京中華書局，一九六一年。
羅根澤：《諸子考索》，香港學林書局翻印，一九七七年。
釋德清：《莊子內篇註》，台北廣文書局，民國六二年。
嚴靈峰：《老子達解》，台北藝文印書館，民國六〇年。
福永光司：《莊子》，台北三民書局，民國六六年。

貳、期刊論文部分

王邦雄：〈老子是權謀思想嗎？〉《鵝湖月刊》第一〇一期。
〃　〃：〈走進莊子之學的門徑〉，同上第一三六期。
林鎮國：〈莊子形上世界的描述與圓教系統的完成〉，同上第三一期。
袁保新：〈齊物論研究——莊子形上思維的進路與形態〉，同上。
高柏園：〈莊子「逍遙遊」一篇之詮釋與其發展〉，《華岡文科學報》第十六期。
高瑋謙：〈莊子外雜篇之人性論〉，《鵝湖月刊》第一九三期。
張尚德：〈從逍遙遊與齊物論看莊子生命哲學系統〉，同上第十五期。

陳榮捷：〈戰國道家〉，《中研院史語所集刊》四四本三分。
陳德和：〈試論道的雙重性——道德經中的「無」與「有」初探〉，《鵝湖月刊》第一八九期。
〃：〈莊子駢拇、馬蹄、胠篋、在宥四篇的時代背景與義理性格〉，同上第一九三期。
傅偉勳：〈老莊、郭象與禪宗——禪道哲理聯貫性的詮釋學試探〉，《哲學與文化》第十二卷第十二期。
舒詩玫：〈老子道德經中「常」一概念的淺析〉，《鵝湖月刊》第一二八期。
廖明活：〈莊子、郭象與支遁之逍遙觀試析〉同上第一〇一期。
龐　樸：〈說「無」〉，《中國文化與中國哲學》，一九八六年十二月。

附錄一

試論道的雙重性

——道德經中的「無」與「有」初探

壹、前　言

先秦儒道思想，都是具備實踐性的哲學，而實踐的極致，是天地位、萬物育（在儒），是官天地、府萬物（在道），總之，都在爲天地萬物的實現和存在，提出保證，因此，儒道思想皆有一套形上學，凡此形上學亦必通過生命的反省與主體的修證而證成，若離開生命主體的精思力踐，則將流於玩弄光景，一切都成戲論，故牟宗三先生稱此種形上學爲「實踐的形上學」（practical metaphysics）（註一），以別於西方傳統 之「觀解的形上學」（theoretical metaphysics），因爲後者是以思辨理性爲進路，以知識滿足爲條件，而不必在乎實踐的要求（註二）。

「實踐的形上學」既然是通過生命主體的精思力踐所證成的，則形上的超越之道與內在的生命之道，以及生命之客觀實踐於人間所得之人文之道、價值之道，是可以一以貫之的，換言之，凡屬「實踐的形上學」必離不開價值，甚至從某一意義說，我們可以承認「存有論就是價值論」（a system of ontology is also a theory of value）（註三），以當代對《道德經》的詮釋爲例，無論是方東美先生之區分道之體、相、用、徵四義（註四），或是唐君毅先生之區分道之虛理之道、形上道體、道相之道、同德之道、修德之道及其他生活之道、事物及心境人格狀態之道六義（註五），和牟先生之判定道是自然也是沖虛玄德（註六），都莫不印證道之三位一體之性格，乃「實踐的形上學」之特色。

在老子《道德經》中，「無」與「有」是一組相當具關鍵性的概念，吾人甚至可以大膽地說，老子哲學的特色，就蘊含於他對「無」與「有」的特殊規定與具體實踐上，若能掌握「無」與「有」之玄義，對《道德經》的解讀，必定有非常的助益。在前輩學人的研究成果中，把「無」與「有」看作是道的雙重性，大體上是沒有異議的，本文即以此爲前提，並根據上述之「道之三位一體論」，擬分別探討「無」與「有」在形上之道中、價值之道中與生命之道中的意義，並試圖董理出相干之一致性，以期待能對老子哲學作較確定之理解。

貳、「無」與「有」在生命之道中的意義

「終極的關懷」（ultimate concern）與「人間的和諧」（interpersonal harmony）是先秦儒道兩家共同關心的課題，「人間的和諧」是價值理序的呈現，「終極的關懷」是超越意識的豁醒，但是此二者都必須建立在生命的深度反省上，人一定先得自覺地求純淨化自己，然後才能向上體證超越

的天道，向外開出客觀的人道，因此，本文先討論生命之道中「無」與「有」的意義。

生命之道應包括生命意義的圓現以及工夫的批露兩方面，前者是主體義（或曰境界義），後者是修養義（或曰方法義），凡是生命的學問，亦必對此二義皆有善解，且往往在此二義中，能透顯出各家學問之特殊精采，老子哲學是屬於實踐性的生命學問，自然也不能外於此通義。當我們合此二義以檢證《道德經》時，發現「無」與「有」既是工夫，也是本體。先說「無」，作爲功夫義的「無」是「無掉」的意思，「無掉」是說使原先存在的變成不存在，這和「亡」字的本義很接近，《道德經．六十四章》說：「爲者敗之，執者失之，是以聖人無爲故無敗，無執故無失。」「爲」和「執」是「敗」與「失」的原因，凡人有爲有執都將難逃失敗的惡運，惟有除去了「爲」和「執」的聖人才能無敗無失，「無掉」就是除去的意思，《道德經》中還有許多其他的否定詞，如：不、絕、棄、去等，都可歸於「無掉」一語以表示「無」的工夫義（詳見後文）。作爲工夫義的「無」就是要「無掉」生命中不乾淨的東西，使生命回復原來的「清明」，而當人眞能將生命中的渣滓去除殆盡，以還其本來面目時，即是充分實現了自己而顯一生命境界，老子形容此生命境界是：「豫焉若冬涉川，猶兮若畏四鄰，儼兮其若客，渙兮若冰之將釋，敦兮其若樸，曠兮其若谷，混兮其若濁。」（十五章），是「泊兮其未兆，如嬰兒之未孩，儽儽兮若無所歸，衆人皆有餘，而我獨若遺」（二十章），總之，是無名、無欲、無執、無我等屬於無的境界，亦即致虛守靜、無爲而無不爲的境界，在這時候「無」卻非先前工夫義的「無」，工夫義的「無」是方法論的概念（conception fo methodology），此時的

「無」已被名詞化，而成爲主體性的概念（conception of subjectivity），唐先生稱此爲「屬於人主體之合於道的心境」（註七），牟先生則避開「主體」之字眼，名之曰「沖虛之玄德」。

這種由「無」的工夫以證成「無」的境界之義理，吾人可以在《道德經》中得到印證。老子說：

> 致虛極，守靜篤，萬物並作，吾人觀復。夫物芸芸，各復歸其根。歸根曰靜，是謂復命。復命曰常，知常曰明，不知常，妄作，凶。知常容，容乃公，公乃王，王乃天，天乃道，道乃久，沒身不殆。（十六章）
>
> 爲學日益，爲道日損，損之又損，以致於無爲，無爲而無不爲。（四十八章）

「致虛極，守靜篤」是綜合性說法，表示「即工夫即境界」之義，「損之又損以致於無爲」是分析性講法，「損」是工夫，「無爲」是境界。虛靜的對反是自滿躁進，減損的對反是增益積累，所以這兩章的共同意旨是，希望人盡力免除牽累與擔負，從生命的澄清，彰顯一虛靈清淨的境界以融通萬物。致虛守靜的工夫猶損之又損的工夫，統言之就是「無掉」的工夫，虛靈清靜的境界猶無爲不爭的境界，統言之就是「無」的境界，合此「無」的工夫與境界二義，亦可以管窺老子生命之道的義蘊了。

其次說「有」。《道德經》中的「有」有勝義亦有劣義，如說：「吾所以有大患者，爲吾有身」（十三章），「取天下常以無事，及其有事不足以取天下」（四十八章）等，文中的「有」都是劣義，就因爲它是劣義，所以老子主張「不有」；但「有」又有勝義，如說：「故常無欲以觀甚妙，常有欲以觀其徼」（首章）、「天下有道，卻走馬以糞」（四十六章）、「天下有始，以爲天下母」（五十二章）、「使我介然有知，行於大道，唯施是畏」（五十三章）、「有國之母，可以長久，是謂深根固柢，長生久視之道」（五十九章）等，顯然以「有」為佳，但細察此一類之經文，「有」之所以為佳是因道之存、之證或之用故為佳，換言之，「有」是得其道、守其道或能發揮道之作用故為佳，是則吾人若再扣住前文所提及之「無」的工夫義與境界義一起反省的話，則所謂生命之道中的「有」是指：「有」無的工夫、「有」無的境界，以及根據無的境界而能「有」某些價值之開發等意思，總之，「有」是繫屬於「無」，以「無」為本，而「無」亦因其「有」內容與作用，為貞常之道，始免於虛無或空無，故老子說：「有之以為利，無之以為用。」（十一章），在此即顯一「『無』而不無，『有』而不有」之玄義。惟此一玄義若落實於具體踐履中，以予分析的表示時，卻是「『無』而後能『有』」，「『有』以『無』為本」。蓋若不展現「無」的作用，何以說「有」工夫？若不證成「無」的虛靜，何以說「有」境界？若沒有境界的證成，又何以有「為無為，事無事，味無味」（六十三章）？故曰：「無而後能有。」再者，工夫是以「無」為方法，境界是經由「無」的處理程序（procedure）後才顯，且此境界仍以「無」為本質，被「無」所決定，故曰：「有以無為本。」而在此一「無而後能有，有以無為本」的命題中，「無」才是首出，「有」若離開了「無」，則將成為定有、死有而自我否定，此老子之所以會昭示：「有生於無。」（四十章）並警告說：「善者果而已，不敢以取強。果而勿矜，果而勿伐，果而勿驕，果而不得已，果而勿強。物壯則老，是謂不道，不道早已。」（三十章）之緣故也。

總結以上意思，吾人認為在生命之道中，有工夫之作用義與貞常之境界義的「無」，在老子系統裡是用來指涉道的本眞，「有」則可以是第二序的用法，以之後設地指涉「無」的工夫義與境界義，也可以是第一序的用法，用以規定「無」的工夫與境界乃眞實不易而非空蕩無內容者，故「無」和「有」乃一體之兩面而難予割裂；再者，人總該要應世的，聖人和天地萬物要相應相即，此相應相即之道乃「無」的境界之客觀化，客觀之必成全之，是亦為「有」，這時候的「有」亦屬第一序的用法，它與「無」平行（因與「無」皆屬於第一序故謂之平行）而另具特別的意義，類比地說，如果我們權且把「無」的境界當作是體（reference）的話，那麼「有」就是這個體所散發出來的用（operation）。「無為」的體而能有「無不為」的用，則這種體用關係亦是辨證的，且用既不能離開體，所以「有」要以「無」為本，體亦不能沒有用，所以「無」要以「有」來貞定；至於「有」的特別意義，大概就是「觀照」或「自然」等，有關「觀照」的可能，下文當另有說明，至於「自然」則留待下節論價值之道中的「無」與「有」時再加以探討，此地暫不及詳究。惟吾人前面曾經提到，在「無而後能有，有以無為本」這一命題中，「無」才是首出的，所以底下願對「無」的工夫之特色及其義諦，再作進一步的說明，以做為本節的結束。

就是因為「無」是首出的，所以《道德經》中所提到的修養工夫，以「無」和同樣做為否定詞用的「不」、「去」、「絕」、「棄」等字眼出現最多，如：無為、無私、無知、無身、無欲、無執、無事、無常心、不仁、不爭、不盈、不德、不欲、不積、不為、不學、不自見、不自伐、不自矜、不敢爲、不責於人、不自爲主、不自爲大、不敢以取強、去甚、去奢、去泰、絕聖棄智、絕仁棄義、絕學無憂……等，這種否定的工夫，我名之曰：「反反」。

「反反」工夫中，第一個反字是否定義，第二個反字是名詞，泛指一切違反生命之本眞而應該被剔除的塵垢，它包括了自然生命中的有身、多欲，心理情緒上的私心、自矜、自伐、驕奢、好勝，以及意念造作上的知、學、聖知、仁義等，這些全部屬於「有依待、虛僞、造作、外在、形式的東西」（註八），反反就是要否定它，以純淨化自己，圓現眞我，此眞我莊子名之曰至人、神人、聖人。而以無己、無功、無名爲本質（註九），圓現眞我的至人、神人、聖人，生命澈底清明，能觀照欣賞天地萬物，與天地萬物和諧共存，故曰：「至人之用心若鏡，不將不迎，應而不藏，故能勝物而不傷。」（註一〇）

這種「反反以顯眞」的玄義，前文曾藉《道德經》十六及四十八章得到印證，吾人亦可由第十章的「滌除玄覽（鑑）」（註一一）一語再得到疏解。凡深邃靈妙曰「玄」，明己照人曰「鑑」，聖人至人能滌除生命中的渣滓，於是恢復了朝徹見獨之原鏡，此是「無而後能有」，此原始之心鏡可觀照萬物，但又不宰制萬物而歸於虛靈，此是「有歸於無，以無爲本」，心鏡能表現此一「無而不無，有而不有」之辨證性格，故曰「玄鑑」，也惟其如此，故聖人之反反，絕非變成槁木死灰，反而是彰顯一無滯無礙、悠遊從容、淡然獨與神明居的大自在，此證明反反的義諦，並非全盤取消，而是超越以實現之（註一二），這裡沒有矛盾，而是「辨證的弔詭」（dialetical paradox）（註一三），《道德經》

的語言特色就是對應著這種辨證的弔詭，如曰：

天長地久，天地所以能長且久者，以其不自生，故能長生，是以聖人後其身而身先，外其身而身存。非以其無私邪？故能成其私。（七章）

曲則全，枉則直，窪則盈，敝則成，少則得，多則惑。是以聖人抱一爲天下式，不自見故明，不自是故彰，不自伐故有功，不自矜故長，夫唯不爭，故天下莫能與之爭。（廿二章）

將欲歙之，必固張之；將欲弱之，必固強之，將欲廢之，必固興之；將欲奪之，必固與之。（卅六章）

道常無爲而無不爲。（卅七章）

上德不德，是以有德；下德不失德，是以無德。（卅八章）

聖人終不爲大，故能成其大。（六十三章）

既以爲人己愈有，既以與人己愈多。（八十一章）

而老子自己也承認是「正言若反」（五十八章），且循循善誘人必須「既得其母，以知其子，既知其子，復守其母。」（五十二章），所以他所傳達的訊息，應該是生命圓現中，「無而不無，有而不有」，「無而後能有，有以無爲本」的玄義，而非權謀術知。

叁、「無」與「有」在價值之道中的意義

價值之道是指天地萬物所應當共同遵循的行爲規範，及其所呈顯之理序而言，就思想史線索來考察，先秦諸子興起之特殊機緣是「周文疲弊」，周文疲弊的亂象是禮崩樂壞，天下失調，諸子的興起，就是針對此提出反省與批判，希望爲人間找回失去的根。孔子對周文是採取肯定的態度，他點醒了人之內在的道德主體性，企圖通過仁義內在的自覺，使已經流於虛文的禮樂，因重新開發活水源頭，而得到眞實化、生命化，並再度發揮其客觀的有效性，墨家則是持完全相反的態度，他們反對周文，認爲周文太過於煩瑣浪費，不適合大家的需要，人的要求是「兼相愛，交相利」，爲了追求事實上的利益，就應該「非禮、非樂、節用、節葬」，這完全是功利、實用的立場。

老子也反對周文，但他的理由和墨家不一樣，他是認爲周文徒具形式，完全是外在的，執著這些外在的東西就是對我們的生命造成束縛，使我們喪失自己而不能自由逍遙，甚至鹵莽滅裂、盲爽發狂，他說：「失道而後德，失德而後仁，失仁而後義，失義而後禮，夫禮者，忠信之薄而亂之首。」（卅八章）無異徹底宣佈周文的死亡（註一四），至於墨家所提倡的「兼相愛，交相利」，他一樣反對，他說：「甚愛必大費，多藏必厚亡。」（四十四章）「民多利器，國家滋昬，人多便巧，奇物滋起。」（五十七章），故主張「絕巧棄利」（十九章）。惟如果仁義禮智、貨利功益兩皆不可取的話，那麼老子心目中的價值理想又是什麼呢？吾人認爲應該是「自然」。

「自然」一詞在《道德經》共出現五處：

悠兮其貴言，功成事遂，百姓皆謂我自然。（十七章）

希言自然。（廿三章）

人法地，地法天，天法道，道法自然。（廿五章）

道之尊，德之貴，夫莫之命而常自然。（五十一章）

是以聖人欲不欲，不貴難得之貨，學不學，復眾人之所過，以輔萬物之自然而不敢爲。（六十四章）

老子認爲，無論是「得一以爲天下貞」的侯王，或者「抱一以爲天下式」的聖人，他們應世治世的態度是貴言希（稀）言，不欲不學，以求政治清靜，天下和諧，而眞正的功成事遂是「輔萬物之自然」、「百姓皆謂我自然」，在自然狀態下，讓天下萬物共生共遂。所以吾人認爲「自然」是老子價值學中，最高的理想。

惟吾人仍須追問：什麼是自然？自然又如何證成？先看第一個問題。「自然」是價值的最高典範，它必定是恆常之道，因此我們就從《道德經》中出現的「常」字去探討，試看下列經文：

歸根曰靜，是謂復命，復命曰常，知常曰明，不知常，妄作，凶。（十六章）

常善救人，故無棄人，常善救物，故無棄物，是謂襲明。（廿七章）

爲天下谿，常德不離；……爲天下谷，常德乃足。（廿八章）

禍莫大於不知足，咎莫大於欲得，故知足之足，常足矣。（四十六章）

見小曰明，守柔曰強，用其光，復歸其明，無遺身殃，是謂習常。（五十二章）

知和曰常，知常曰明。（五十五章）

從上面我們得知，老子對「常」直接的定義是「歸根復命」，「歸根復命」即是返歸原始本眞，原始本眞即「反反以顯眞」的眞，則歸根復命就是從人爲造作中、虛假不眞實中走回來的意思，走回來則遠離桎梏而得大自在，故「自然」的第一義是自己如此，自由如是，不受人我宰制亦不宰制人之消遙無待；其次，「知和日常」，「常善救人，故無棄人，常善救物，故無棄物」，則「自然」也表示了天清地寧的物我和諧；最後，「爲天下谿」、「爲天下谷」、「知足」、「守柔」，則「自然」乃是一使物我相容之開放性理念，總之，自由而無情枷欲鎖之牽累（自由無待）、和諧而無你爭我奪之傷害（和諧無傷）、開放而無凡慮俗計之圭礙（開放無礙）三義，雖不一定能盡「自然」之義蘊，但亦不遠矣。

其次再看：自然如何證成？十六章說：「不知常，妄作，凶。」可知不妄作是證成自然常道的關鍵，老子又說：

聖人處無爲之事，行不言之教，萬物作焉而不辭，生而不有，爲而不恃，功成而弗居，夫唯弗居，是以不去。（二章）

致虛極，守靜篤，萬物並作，吾以觀復。（十六章）

不欲以靜，天下將自定。（卅七章）

清靜爲天下正。（四十五章）

聖人不行而知，不見而名，不爲而成。（四十七章）

取天下常以無事，及其有事，不足以取天下。（四十八章）

聖人無常心，以百姓心爲心。善者吾善之，不善者吾亦善之，德善，信者吾信之，不信者吾亦信之，德信。聖人在天下歙歙，爲天下渾其心。（四十九章）

塞其兌，閉其門，挫其銳，解其紛，和其光，同其塵，是謂玄同。（五十六章）

我無爲而民自化，我好靜而民自正，我無事而民自富，我無欲而民自樸。（五十七章）

如此看來，所謂不妄作不外是「無爲無執」、「不有不宰」等這些箴規，一言以蔽之，就是「無」的工夫與境界，此與主體修證之道的「無」都是一樣，通過了「無」（不妄作），證成了「有」（自然常道），這是「無而不無，無而後能有」，而自然常道之自由、和諧、開放又是以無人我宰制、無爭強取先、無凡慮俗計爲內容，所以「自然」不是「有之以爲利」，而須「無之以爲用」，這是「有而不有，有以無爲本」，「無」與「有」在價值之道的領域裡，亦是如此辨證地開展不已。

在生命之道中，通過「無」與「有」的辯證過程，人圓現了生命本眞，在價值之道中，通過「無」與「有」的辯證過程，是圓現了規範理序，而使物物歸位，得其所哉，今試進一步說明。老子說：「絕聖棄智，民利百倍，絕仁棄義，民復孝慈，絕巧棄利，盜賊無有。」（十九章）聖智仁義和巧利本來是不同質的，但在老子心目中，卻同樣是屬於虛假造作的東西，故應該被無掉，惟有無掉聖知仁義等德目化的虛文以及功利的執著之後，老百姓反而能作之孝、作之慈，並常善救人，常善救物，彼此不忍爲盜賊，使天下共蒙其利，則在這種情況下，聖智仁義以及巧利的眞正意義和作用，不也就弔詭地被實現了嗎？是時也，人皆不必言仁義而物我無傷，不必求巧利而彼此互利，此不就是王弼所謂之「崇本以息末，守母以存子」（註一五）嗎？亦不就是「絕聖而後聖功全，棄仁而後仁德厚」嗎？（註一六），故牟先生稱之爲「作用的保存」（註一七）。

肆、「無」與「有」在形上之道中的意義

在尚未討論「無」與「有」在形上之道中的意義之前，我們首先必須區分當「無」與「有」同時指涉道時，可能產生的兩種不同的關係：一是形式的關係，一是辨證的關係。形式的關係指的是邏輯上內容與外延之間的關係，在這種關係中，「有」是內容地關聯乎道，「無」是外延地限制一切不屬於道者，故兩者之間並不構成對反或矛盾，《道德經》上說：

道可道，非常道；名可言，非常名。（一章）

視之不見名曰夷，聽之不聞名曰布，搏之不得名曰微，此三者不可致詰，故混而爲一，其上不皦，其下不昧，繩繩不可名，復歸於無物，是謂無狀之狀，無物之象，是謂恍惚。（十四章）

道之爲物，惟恍惟惚，惚兮恍兮，其中有象，恍兮惚兮，其中有物，窈兮冥兮，其中有精，其精甚眞，其中有信，自古及今，其名不去，以閱眾甫。（廿一章）

有物混成，先天地生，寂兮寥兮，獨立不改，周行而不殆，可以爲天下母，字之曰道，強爲之

名曰大。（廿五章）

道常無名。（卅二章）

道之出口，淡乎其無味，視之不足見，聽之不足聞，用之不足既。（卅六章）

這些經文，一方面說明作爲萬物根源的道，乃充滿著恒常性、眞實性、先在性與獨立性、普遍性，另方面也表示至眞不渝的道，是無方所、無形象，超感官知覺，而不能用名言概念去詮定的。前一種說明是從「有」說道，「有」指涉道的內容，後一種是從「無」說道，「無」卻沒有指涉道的內容，而只是在外延上作消極性的遮撥。

第二種關係是同質同層上的辨證關係，在這種關係上，「無」和「有」都是內在的關聯乎道，而成爲道的雙重性，我們再看《道德經》中，對形上之道的另一種敘述：

無名天地之始，有名萬物之母。故常無欲以觀其妙，常有欲以觀其徼，此兩者同出而異名，同謂之玄，玄之又玄，衆妙之門。（一章）

道沖，而用之或不盈，淵兮似萬物之宗，湛兮似或存，吾不知誰之子，象帝之先。（四章）

大道氾兮，其可左右，萬物恃之而生而不辭，功成不名有，衣養萬物而不爲主，常無欲，可名於小，萬物歸焉而爲主，可名爲大，以其終不自爲大，故能成其大。（卅四章）

天地萬物生於有，有生於無。（四十章）

從以上文獻，我們可以確定「無」已經不是外延性的消極意義，而是內在於道中，和「有」一樣成爲積極性的概念，並共同承擔形之道生畜長育天地萬物的責任。

區分了「無」與「有」兩種不同關係後，我們不難發現，要了解老子形上學的特色，應該是從後一種關係著手，因爲如果「無」只是用來形容道的無方所、無形象、超感官知覺、非名言概念所能限定的話，那麼其他家派也可以說「無」，《易·繫辭上傳》不就說：「神無方而易無體」了嗎？故惟有把「無」收進道裡面來，與「有」形成一相反相成之辨證關係，才能顯出老學的勝義。

《道德經·四十二章》說：「道生一，一生二，二生三，三生萬物。」牟先生認爲道與萬物只是兩層，故一、二、三同樣是指道，若再和「無名天地之始，有名萬物之母」、「天下有始以爲天下母」一起看的話，則「一」、「二」應該指作爲道的雙重性之「無」和「有」，「無」與「有」相反相成，以辨證的發展使道生化萬物，故「三生萬物」的「三」就是「玄」，「玄」也是道，合稱曰玄道，道之玄就是它能「無而不無，有而不有」，不斷地生化萬物，故曰「玄之又玄，衆妙之門。」（註一八）吾人以爲牟先生的解法信而有徵，可從（註一九），而根據牟先生的疏解，則老子的形上之道，乃同時具備了存有論（ontology）與宇宙論（cosmology）的性格，因爲：

> 道具無與有之雙重性，以無爲天地萬物之始，之本；以有成就天地萬物每一物自己之生長，最後並將道之生物的大功妙用特以無有渾一之玄表之。此層意義主要仍就常道本身而言，是以由此可先確定老子之本體論（案：即存有論）的意義。以無有渾一之玄稱道而特顯道之生萬物之作用，即已顯出宇宙論之意義。（註二〇）

換言之，「無」和「有」除了是道的存有論性格外，也是實現原理，然道又將如何開展「有」、「無」以實現萬物呢？《道德經》說：

昔之得一者，天得一以清，地得一以寧，神得一以靈，谷得一以盈，萬物得一以生，侯王得一以為天下貞；其致之。天無以清將恐裂，地無以寧將恐發，神無以靈將恐歇，谷無以盈將恐竭，萬物無以生將恐滅，侯王無以貴高將恐蹶，故貴以賤為本，高以下為基，是以侯王自謂孤寡不穀。（卅九章）

反者道之動，弱者道之用，天下萬物生於有，有生於無。（四十章）

道生之，德畜之，物形之，勢成之，是以萬物莫不尊道而貴德。道之尊，德之貴，夫莫之命而常自然，故道生之，德畜之，長之，育之，亭之，毒之，養之，覆之。生而不有，為而不恃，長而不宰，是謂玄德。（五十一章）

道的動與用，是在生（實現）萬物。道無所不在，物無所不成，萬物皆受道之被澤，故道是大，但「大曰逝，逝曰遠，遠曰反」（廿五章），道不能自為大，必須歸於無欲無名，方成其大；道亦無所不生，物亦無所不長，但「天之道，不爭而善勝，不言而善應，不召而自來，繟然而善謀」（七十三章），道必「唯無以生為者，是賢於貴生」（七十五章），總之，作為實現原理的道，它的運作律則是反是弱，就如同侯王的貴要以賤為本，侯王的高要以下為基一樣，道的生要以不生為本，道的主要以不主為基，換言之，老子所謂的道生，其實就是「不生之生」了，「不生之生」不同於創生，一般所理解的道生萬物，是指客觀實有的道，能創造性的、主宰性的實現萬物，這方是「創生」，「不生之生」是要避開主宰性，當然不是創生，王弼說「不生之生」是「不塞其源則物自生，……不塞其性則物自濟」（註二一），頗切中義理，故「不生之生」所凸顯的，是「無」的作用，而生的「有」要以不生的「無」來保證，究其實，還是「生而不生，有而不有」，所以王邦雄先生說：「道是以『無』的方式去『有』萬物，以『不生』的方式去『生』萬物，以『不主』的方式『主』宰萬物，如是而言，老子雖言『有』，其實『有』只顯一『無』的姿態，『無』是沖虛，『有』也是沖虛。」（註二二）

作為道的雙重性之「無」與「有」都是沖虛，即表示「無」與「有」之作為存有論概念，其實亦是虛說，而道也不能有客觀實體之意思，只是主觀境界上所顯之沖虛玄德罷了，惟沖虛玄德才是不生、不有、不宰，若是客觀實體上之道，則必創造之，決定之，曲成之；老子的形上之道，既然不是一創造性的實體，則吾人就無法說他的形上學是客觀實有型態的形上學，而只能如牟先生之意，名之曰「境界型態的形上學」（註二三），境界型態的形上學所含的是「無執的存有論」和「不著的宇宙論」（註二四），無執、不著統言之就是「無」，是故此一型態之形上學所宣示的，亦不外乎「無而不無，有而不有」、「無而後能有，有以無為本」之玄義了。

伍、結　論

吾人從生命之道、價值之道與形上之道三方面，分別探討《道德經》中「無」與「有」的意義，結果發現「無」是工夫，也是境界，它表現爲一沖虛之玄德，「有」則是「無」的姿態，一切的「有」都不離開「無」，都要返歸到「無」，於是歸納出老子實踐哲學的普遍律則是「無而不無，有而不有」、「無而後能有，有以無爲本」，「無」與「有」的關係是相反相成的辨證關係，而非只是內容與外延的形式關係，其次我們也發現，「無」不啻是整個老學系統的結穴，確實釐清了「無」的勝義，對老學而言，無異是驪珠在握，而直扣玄關乃指日可待。

最後吾人想稍微反省一下老子哲學的限制。「無」的作用是老子哲學的出發點，老子通過「無」要去成全「有」，是即吾人所說的「反反以顯眞」，此一架構頗類於佛家所謂之「去病不去法」，無的工夫就是要去人病，人的病痊癒了，則萬法也保住了，從此意義看，則老子思想是一種生命或文化的治療學，它面對的是人之偏執、造作等病，「夫唯病病，是以不病」（七十一章），不病則天長地久，萬國咸寧，所以老子是文明的守護者，他就如袁保新先生所說：

正是要破斥吾人心靈對名器的執取，而長得虛靈自主活活潑潑的創造性，因爲惟有心靈長住虛靈無礙的境界，一切價值的實現才能可久可大，文明創造的生機才綿綿若存地不斷貫注到人們世界中。（註二五）

世或有認爲老子是文化否定論者，是主張退化史觀者，恐皆非善解。

但文明的守護者卻未必是文明的創造者，老子雖然能去人病而使萬法如如，但吾人如追問老子，萬法的創造性根源在那裡時，則他僅能保持緘默，因爲他只有「反反」而沒有「正正」，「正正」是正面肯定一創造性的價値根源，並承擔之，以人文化成於天下，如儒者之體證於穆不已的創造眞幾，以參贊化育天地萬物是也，這才是眞正的開闢價値之源，實現生命的理想，但老子卻不能在這裡顯精彩；他無法給自己方向，只有無所歸屬的自由，其一切流弊亦莫不根源於此，王邦雄先生說：

老子哲學，是由主體修證而開顯之境界型態的形上學，無僅是一作用，一境界，在心之致虛守靜、無爲無事的背後，並未進一步的規定其眞實內容。此一進路，由負面反省入，僅志在消解生命的造作外逐而有的拘限困頓，而獲致其心志的解脫自在。然此一解脫自在，僅是一空靈作用的消解，而未有實理內容的生發，僅是一精神自由，而不能安立人間之政教禮法，故正面挺不出來，以其浮顯不出道德意識，顯現不出實事實物故。此一精神的自由，雖是一切價値之所以可能的起點，然實不能定住其自己，亦不知要飄向何方。（註二六）

又說：

以道家思想做爲安身立命的終極依靠，是定不住生命、是靠不住的，在歷史的開展上，老子的思想與儒家義理結合呼應，才能得其正位，而發生其正面的作用，突顯其正面的義。（註二七）

凡此對老學的反省，可謂一語中的矣。

【註釋】

註　一：參見牟宗三先生：《中國哲學十九講》（以下簡稱《十九講》）頁九三～九四。民國七十二年，台北，台灣學生書局。

註　二：參見牟先生：《生命的學問》頁廿一～廿二。民國五十九年，台北，三民書局。

註　三：Thome H. Fang: The Chinese View of Life, The Union Press. Hong Kong, 1957. p.21.
又袁保新先生對實踐形上學之價值特色，以及與觀解的形上學之異同，亦有極清晰扼要之敘述，參見〈存有與道——亞里斯多德與老子形上學之比較〉（《鵝湖學誌》第四期頁廿七～廿八）。民國七十九年，台北，文津出版社。

註　四：參見方東美先生：《生生之德》頁二九六～二九九。民國六十八年，台北，黎明文化事業公司。

註　五：參見唐君毅先生：《中國哲學原論・導論篇》頁三四八～三九八。民國五十五年，香港，人生出版社。

註　六：參見牟先生：《才性與玄理》頁一三九～一六七。民國六十七年，台北，台灣學生書局。

註　七：《導論篇》頁三六三。

註　八：《十九講》頁九一～九二。

註　九：《莊子・消遙遊》：「至人無己，神人無功，聖人無名。」

註一〇：見《莊子・應帝王》。

註一一：「玄覽」《帛書老子》小篆本作「玄藍」，隸書本作「玄監」，「玄藍」義不可解，當依隸書本作「玄監」，監即鑑，鏡也。又，高亨說：「『覽』讀爲『鑑』，『覽』『鑒』古通用，……《淮南子・脩務篇》：『執玄鑒於心，照物明白。』《太玄童》：『修其玄鑒。』『玄鑒』之名，疑皆本於老子。《莊子．天道篇》：『聖人之心，靜乎天地之鑑，萬物之鏡也。』亦以心譬鏡。」（《老子正詁》頁廿四，民國七十六年，台北，開明書局）。

註一二：王邦雄先生名之曰：「辨證的超越」，參見《儒道之間》頁一二五～一二六。民國七十八年，台北，漢光文化事業公司。

註一三：「弔詭」一詞出自《莊子．齊物論》。牟先生名此辨證的弔詭曰「辨證的詭辭」，見《十九講》頁一四。

註一四：諸子起源於周文疲弊之反省，及孔老墨三家對周文之不同批判態度，均本牟先生之意，參見《十九講》頁六〇～六二。

註一五：見樓宇烈先生：《老子周易王弼注校釋》頁一九六。民國七十年，台北，華正書局翻印本。又，王弼曰：「老子之書，其幾乎可一言而蔽之，噫，崇本息末而已矣。」（同前書，頁一九八）

註一六：同前書，頁一九九。

註一七：《十九講》，頁一三四。

註一八：參見《才性與玄理》頁一三六～一三七；《十九講》頁九八～一〇〇。

註一九：牟先生之女弟子胡以嫺女士對此義有甚清楚之董理，參見胡女士：〈老子形上學的義蘊〉（台中東海大學刊行，《中國文化月刊》四十七、四十九期）。

註二〇：見胡以嫺女士：〈老子形上學的義蘊〉，《中國文化月刊》四十九期，頁九五。

註二一：見《老子周易王弼注校釋》頁廿四。

註二二：《儒道之間》頁一二九。

註二三：《十九講》頁一〇三。

註二四：《才性與玄理》三版自序頁一及第五章頁一六二。

註二五：見袁保新先生：〈文明的守護者——老子哲學智慧試詮〉（《鵝湖月刊》一四六期頁四五，民國七十六年八月，台北，鵝湖月刊雜誌社）。

註二六：見王邦雄先生：《老子的哲學》頁一八四～一八五。民國六十九年，台北，東大圖書公司。

註二七：《儒道之間》頁一三一。

附錄二

莊子駢拇、馬蹄、胠篋、在宥四篇的時代背景與義理性格

壹、前　言

〈駢拇〉、〈馬蹄〉、〈胠篋〉、〈在宥〉，是現在所見莊書中，外篇的前四篇。《史記・老莊申韓列傳》說：

> 莊子者，蒙人也，名周，周嘗爲蒙漆園吏，與梁惠王、齊宣王同時，其學無所不闚，然其要本歸於老子之言，故其著書十餘萬言，大抵率寓言也。作漁父、盜跖、胠篋以詆訿孔子之徒，以明老子之術。畏累虛，亢桑子之屬，皆空語無事實。

司馬遷此處言莊子著書十餘萬言，除列舉三篇篇名外，並提及莊書中之寓言人物和住所（司馬貞《索隱》誤認畏累虛、亢桑子皆篇名，今當依日人瀧川龜太郎之考證，將畏累虛讀作畏累墟，屬地名，亢桑子則爲人名）（註一），然無內外雜之分；《漢書・藝文志》著錄《莊子》五十二篇，亦不分內外

雜，今通行之莊子書，實郭象之注本也，其中分內篇七，外篇十五，雜篇十一，凡三十三篇，班固（三二～九二）和郭象（二五三～三一二）相距不過兩百餘年，所見莊書分合損益之間竟有如此大的差異，良可歎也，然從郭注分篇本的流行，亦可見莊書之當有內外雜的區別，乃學莊者共識，非郭象可一手遮天也。

其實在東漢之前，一般人是重老輕莊的，莊子思想被大量講述而引起士人廣泛注意，恐怕是魏晉大暢玄風時候的事，從此之後，解莊之書，就如雨後春筍般紛紛出籠，然疑古的嚆矢卻起於北宋，蘇東坡首先懷疑雜篇中的〈盜蹠〉、〈漁父〉、〈讓王〉、〈說劍〉是僞作，他在〈莊子祠堂記〉中說：

> 余以爲莊子蓋助孔子者，要不可以爲法耳。……莊子之言皆實予而文不予，陽擠而陰助之，其正言蓋無幾，至於詆訿孔子，未嘗不微見其意。……然余嘗疑盜跖、漁父則若眞詆孔子者，至於讓王、說劍皆淺陋不入於道。（註二）

以「幫助孔子然陽擠而陰助之」爲標準，就斷定〈盜跖〉等篇是僞作，這當然沒有考證上的證據，也失之武斷（然不無見地也），可是從他開風氣之先以後，莊書篇章的眞僞和作者誰屬諸問題，就開始引起考證學家的興趣，也產生許多的討論和爭議，但在這些討論和爭議中，把〈駢拇〉、〈馬蹄〉、〈胠篋〉、〈在宥〉四篇歸類爲同一性質，而放在一起考察，則大體是相似的，本文之作，即以此學者之公論爲前提，將〈駢拇〉、〈馬蹄〉、〈胠篋〉、和〈在宥〉的第一、二章等四篇（以下簡稱四篇）合併疏導，其處理方式是，先藉助前賢之考證成果，得出其時代背景，然後扣住此一背景之特色，找出此四篇之共同關懷與論述焦點，並從內在思想脈絡的董理，豁顯其道家後學的色彩，最後則從其遣詞造句的形式和絕聖棄知、絕仁棄義的批判態度，比較他們和老莊之間的關係，而反省出他們在道家思想發展上，恰當之分際。

貳、四篇的作者暨成書年代

年代邈遠，書闕有間，欲對遠古典籍之作者及成書時間作確定之把握，殊非易事，此尤以「自隱無名」又「芒乎何之，忽乎何適」的道家為甚，故雖資料雷同，學者間的結論卻難一致，然考證之學本是「前修未密，後出轉精」——此並不表示後人之智慧才情必優於前人，而是前人為後人鋪路，後人有前人之研究成果作為憑藉故也。——有關近人對四篇的考證成果，據黃錦鋐先生之整理，有如右表（註三）：

篇名	主張者姓名				
	葉國慶	羅根澤	胡芝薪	蔣復璁	佚名
駢拇	秦漢間人所作	戰國末年左派道家所作	莊子自著	秦漢間之學者所作	老子後學左派所作
馬蹄	秦漢間人所作	戰國末年左派道家所作	莊子自著	秦漢間之學者所作	老子後學左派所作
胠篋	秦漢間人所作	戰國末年左派道家所作	莊子自著	秦漢間之學者所作	老子後學左派所作
在宥	漢代作品	戰國末年左派道家所作	莊子佚文後人增補	後人竄入	老子後學左派所作
所見書刊	《莊子研究》商務人人文庫本	《諸子考索》泰順書局本	民國二十六年《文學年報》第三期	《圖書季刊》第二卷第一期	〈莊子外雜篇初探〉

表中所見，眞是「一人一義」，然大陸學者在這方面的努力是鍥而不舍的，張恆壽先生的《莊子新探》（註四）承襲羅根澤的成績，又提出一些新的論證和看法，劉笑敢先生的《莊子哲學及其演變》（註五）則運用窮舉對比法，將《莊子》全書作全面的探討，他在四篇的年代及作者的斷定方面，繼承了羅張兩氏的成就，並作了一番補苴罅漏的工作，茲將三家說法的異同，製表比對如後：

作者／著作／莊書篇名	羅根澤《諸子考索》	張恆壽《莊子新探》	劉笑敢《莊子哲學及其演變》
駢拇	戰國末年左派道家所作	秦國統一前夕（約與《呂氏春秋》同時）激烈抨擊統治階級的莊子後學所作	戰國末年莊子後學中與莊子淵源較少的無君派所作
馬蹄	戰國末年左派道家所作	秦國統一前夕（約與《呂氏春秋》同時）激烈抨擊統治階級的莊子後學所作	戰國末年莊子後學中與莊子淵源較少的無君派所作

胠篋	戰國末年左派道家所作	秦國統一前夕（約與《呂氏春秋》同時）激烈抨擊統治階級的莊子後學所作	戰國末年莊子後學中與莊子淵源較少的無君派所作（成篇可能在呂氏春秋之前）
在宥	戰國末年左派道家所作	依王先謙《集解》分七章 ㈠第一、二章與前三篇同 ㈡第三章是戰國末葉神仙家所作 ㈢第四章與內篇最近，時間在〈駢拇〉、〈馬蹄〉之前 ㈣第五、六章可能產生於秦漢 ㈤第七章在韓非之前	㈠第一章與前三篇同，稱〈在宥上〉，第二章後義裡混雜，統稱〈在宥下〉 ㈡第二章義理與第一章同，然文體不類 ㈢〈在宥下〉是戰國末年莊子後學中，與莊子同異參半的黃老派所作

如上所見，張、劉二氏在〈在宥篇〉方面，比羅根澤又多了一些細膩區分，筆者以爲，若從義理立場考量，則應將〈在宥篇〉之第一、第二章和前三篇視同一類，本文所討論之〈在宥篇〉，亦以此爲限，故倒不如仿劉氏之用法，將其改稱之爲〈在宥上〉更爲恰當。

叁、四篇的時代背景

筆者認同前節表二所列，主張四篇都是戰國末年的作品。戰國期間征伐頻仍，兵禍慘烈世所知曉，戰國的開始，一般皆依通鑑之例，以三家分立爲諸侯（B.C. 403年）這一年作序幕，然戰國之精神卻可回溯到公元前四七三年，那年越王勾踐吞併吳國，逼死吳王夫差，在此之前，國際間的戰爭仍帶有貴族的浪漫習氣，凡挑動戰端必須師出有名，作戰過程亦須兼顧禮數，而戰爭之目的惟在懲戒異己，俟對方屈服即適可而止，然最後一次的吳越衝突卻是一場毀滅性的戰爭，春秋時代那種「興滅國，繼絕世」的文化理想從此不再有，諸侯間惟以兼併鄰國擴張勢力爲能事，孔子說：「天下有道，則禮樂征伐自天子出，天下無道，則禮樂征伐自諸侯出，自諸侯出，蓋十世希不失矣，自大夫出，五世希不失矣，陪臣執國命，三世希不失矣。」（註六）戰國正所謂禮樂征伐自大夫出的時代，自大夫出，實只有征伐而無禮樂，其趨勢是象徵周文之宗法封建國家的衰滅，從此進入了軍國時期，軍國時期惟重富國強兵，並無理性之根據爲背景，甚至如春秋五霸的假仁假義亦都缺如，故充斥著原始生命的物質性力量，其戰爭之多，戰禍之慘，亦無足怪矣。根據陳漢章先生的統計，戰國二百四十八年中，史冊所載的大小戰爭共二二二次（註七），又根據《史記·秦本紀》與〈秦始皇本紀〉，戰國時期秦與他國的爭戰，阬卒或斬首數萬著達十五次之多，昭襄王四十七年，秦將白起破趙於長平，阬殺降卒更高達四十餘萬，試想在這種烽火連天、屍橫遍野的時局下，老百姓所受的傷害有多深！

然而更可怕的是，隨著戰火的燃燒，小國不斷地被兼併，國家集權與君主獨裁的威權宰制也逐漸形成並日益加深，當然，履上堅冰，其來有至，其始作俑者是商鞅，商鞅以刻薄寡恩的姿態爲秦孝公變法，所實施者不外是「變法脩刑，內務耕稼，外勸戰死之賞罰」（註八）和「令民相牧司連坐」（註九），結果使秦國重新擠入列強的排行榜，也讓法家的勢力在國際政治舞台上開始呼風喚雨，然而有國者既惟「富國強兵」是務，法家思想乃日益當道，則老百姓皆不免淪於耕戰之工具，生命之尊嚴與人性之理想變成微不足道，力量的強弱多寡取代理性成爲價値的指標，在政治上，野心之君主爲了達到私心之目的，可以無所不用其極，刑政威嚇固不在話下，連道德仁義都可以變成口號教條來文飾其非，於是等而下之，連江洋大盜也拿道德仁義當作工具，用來理由化（rationalization）他們不法的行徑，這種非人化的情況愈演愈烈，迤邐到了戰國末年已不可收拾，然人性是企慕理想、渴望自由的，老莊對這種人爲造作所帶來的傷害，早就發出不平之鳴，而宰制、壓抑越深，道家所標誌的解放意識就越博得世人的同情，道家的批判理論也越需要人激烈地發揚，四篇作者即在此一時代的召喚下，對現有的生存環境表現出「不認同的思想」（non-identity thinking），並訴諸「否定辨證法」（negative dialectics），意圖摧毀一切既有的人爲宰制，使天下蒼生重新回歸自由的懷抱。

肆、四篇的批判精神

莊子不主張和現實的政治作正面的衝突，這是因爲他適性自得，無待逍遙，得道家之正傳，在莊子看來，壁立千仞固然悲壯，但總不如瀰天蓋地、隨波逐流那麼和諧美滿，四篇作者反乎是，他們看清了野心政客的嘴臉，痛切體認生命被殘害、人性被扭曲的時代苦難，他們對現實的政治極端不滿，無論是掌握權力的政客，或是成爲幫凶工具的德目教條，甚至連立仁義、明法度、制禮作樂的聖人都是他們攻擊的對象，因爲這三者共同犯了「殘生損性」的罪行，今且分篇敘述之。

駢拇篇

此篇將「仁義之行」與「聰明之用」視之爲生命的歧出，強調人的行爲應順乎本性的自然，無執無欲，無適無莫，以全道德之至正，陳鼓應說：

本篇全文依循一個主題來寫，一面力闢「淫僻於仁義之行」、「多方於聰明之用」爲生命的歧出，是削性侵德的行爲，悖逆了人性的自然；一面闡揚「任其性命之情」，強調人的行爲應順乎本性的自然。……這和內篇〈養生主〉：「因其固然」的順應自然，以及〈應帝王〉：「順物自然而無容私焉」的無治主義是同一思路的發展，不過文字表現爲激烈露骨而已。（註一〇）

陳氏之言，深得篇旨，今再分述如下：

一、「臧於其德」與「任性命之情」是人生的歸宿，也是人性的疏通與自然要求，從現實的實踐說，就是要超越聲色犬馬的誘惑，從五光十色的紅塵滾滾中解脫自己，同時要洞悉教條口號的虛情假意和聰明巧知的凡慮俗計，不藉仁義去妄斷世人之善惡，以脫離喜善憂惡的塵網，亦不用聖知去妄分愚不肖多寡，以拔除患得患失的桎梏，苟能至乎此，就是「遊乎道德之間，不失其性命之情」之至正者。

二、仁義名言是使人迷失自己的最大誘因，有仁義的標榜，就會讓人忘記生命的本眞，只迎合外在的毀譽；有名言之鼓動，就會讓人走離天眞的素樸，徘徊在權位名利的運動場。常見一般人歌頌曾史之賢，讚美楊墨之知，殊不知曾史楊墨是在人的身上，連無用之肉（駢拇），樹無用之指（枝指），此非但無功於生命，且已埋下決駢齕枝的禍害，蒼生此後將囂囂攘攘，惶恐不可終日。

三、三代以下至於今，社會所以動蕩，世局所以不安，皆因世人競逐於外在的仁義名言，拿外在的標準枝離內在的生命，且樂此而不疲，致使野心的君主有機可乘，以仁義名言爲釣餌，驅遣天下百姓做他遂行私欲的奴隸，則仁義名言豈非成了殘生損性的工具，曾史楊墨又豈非成了殘生損性的元凶？人若欲免於殘生損性之苦，就當「不爲仁義之操，不爲淫僻之行」，放任以自得（註一一）。

馬蹄篇

本篇在申述老子無爲自化、清靜自正的道理，作者以伯樂治馬爲喻，說明人爲宰制對自然生命造成的傷害，極力主張回歸塡塡顚顚，素樸天放的自由人社會，文中對於禮樂珪璋、仁義文制皆強力抨擊，而對草莽洪荒充滿浪漫的憧憬，並美之爲「至德之世」，後人每多視爲退化史觀者，筆者卻同情地了解爲這是深陷圄圄的人性囚犯，因渴盼解放，而發出的激烈呼喚，彼以原始社會爲至德之世，不無可能時藉懷古以喻未來，未必眞樂於啓蒙前的芒昧也，故至德之世的種種描述，或許是另有所指的象徵性語言（symbolic language），純以退化史觀名之，恐不足以盡其本懷，惟彼在破立之間，因文字偏宕，態度激昂，至眩人耳目，亦不能無過也。今再析論之：

一、齕草飲水、翹足而陸是馬之眞性，織衣耕食、一而不黨是民之常德，馬有眞性猶如民有常德，順眞性之自然，則萬物群生草本遂長，因常德之固有，則素樸天放，民性得矣，所以善於治天下者，不在多爲多做、替百姓作主，而應該盡力避開主觀的干預，讓百姓在自由開放中，自主自長，安其所哉。

二、食草飲水、交頸分背是馬的天眞，但將人爲的衡扼月題加諸於馬身上，則馬受壓迫而悖離其天眞，以致有介倪闉扼鷙曼詭銜竊轡等偷盜的行徑；行塡視顚、純樸無華是人性的天眞，若將人爲的禮樂仁義加諸於人身上，則人心將被外在的形式牽扯驅動而悖離其天眞，於是好知爭利，妄分人我，彼此猜忌，你爭我奪，造成莫大的災害，最後是大家都同蒙其難，所以禮樂非但不能匡正天下之形，反而造成人性疏離，仁義非但不能慰藉天下之心，反而造成常德殘廢，兩皆不可取，應予唾棄。

三、聖人蹩躠爲仁，踶跂爲義，澶漫爲樂，摘辟爲禮，結果造成人性的分化疏離，使天下百姓不再同心同德，而紛紛走失在虛名假利的十字街頭，所以聖人是破壞整全人性的罪魁，鑿散渾淪道德的劊子手，生民若欲安其居樂其俗，惟有「絕聖棄知」、「絕仁棄義」了。

胠篋篇

本篇藉具體的比喻及眞實的歷史情節，說明聖知禮法非但不足以造福百姓，反而常被野心的政客和盜賊所竊，用爲護身的名器，故聖知愈昌明，其危害人間就愈大，世間若沒有聖知的招搖，盜賊就失所憑藉不能作怪，而民可朴鄙，天下可安，故曰：「絕聖棄智，大盜乃止。」再者，聖知皆緣聖人而來，聖人創設禮樂、榜舉仁義、格致物知、啓迪天下，本意在改造天下，福蔭蒼生，然聖知禮法卻往往成爲盜賊之工具，「我不殺伯仁，伯仁卻因我而死」，故陷人於不義者，是提倡仁義的聖人，此之謂：「脣竭則齒寒，魯酒薄而邯鄲圍，聖人生而大盜起。」而欲天下長治、盜賊無有，釜底抽薪之計，就是掊擊聖人，讓聖人先消失，故曰：「夫川竭而谷虛，丘夷而淵實，聖人已死則大盜不起，天下平而無故矣。聖人不死，大盜不止，雖重聖人而治天下，則是重利盜蹠也。」

本篇篇幅雖多於〈馬蹄〉一倍餘，義理則未出〈馬蹄〉之外，篇中亦有對草莽洪荒之憧憬，故相互之關係最親密，文中又因提及：「田成子一旦殺其君而盜其國，……十二世有齊國。」所以錢穆先生斷定是戰國晚世之作品（註一二），張恆壽先生更具體地說是齊王建時代作品（註一三），然本篇又有可堪注意者，試述如下：

一、篇中將殺君盜國之田成子和打家劫舍之盜跖並舉，並憤恨不平地說：「彼竊鉤者誅，竊國者爲諸侯。」正充分表達對現實政治之鄙視與無奈，在作者看來，今天諸侯位尊權重，狀似高貴神聖，人民莫不聽候差遣，接受宰制，其實在假面具的背後，這些君王和盜蹠都是一樣的，只是他多了「符璽」、「仁義」、「斗斛」、「權衡」來裝扮掩飾身分罷了，這種敢於穿透政治神話，揭發權威假相的批判精神，在國史上並不多見，而彌足珍貴。

二、篇中說：「擢亂六律，鑠絕竽瑟，塞瞽曠之耳，而天下始人含其聰矣；滅文章，散文采，膠離朱之目，而天下始人含其明矣；毀絕鉤繩而棄規矩，攦工倕之指，而天下始人有其巧矣。故曰『大巧若拙』。削曾史之行，鉗楊墨之口，攘棄仁義，而天下之德始玄同矣。彼人含其明，則天下不鑠矣，人含其聰，則天下不累矣；人含其知，則天下不惑矣，人含其德，則天下不僻矣。彼曾、史、楊、墨、師曠、工倕、離朱者，皆外立其德，而以爚亂天下者也。」此段話幾乎裹括四篇所欲批判的對象，且解釋這些對象之所以要加以口誅筆伐，是因爲它們在人的生命中沒有內在的根，「外立其德」才是它們的標籤。其實所有道家人物在抨擊一切的人文建構時，皆無不以此認知爲前提，只是隱而不發罷了，在本篇則一語道破矣。(註一四)

在宥篇上

本文所討論之〈在宥篇〉，只有第一章和第二章，然第一章和第二章義雖相聯屬，段落卻各自獨立，今且分開敘述之：

一、第一章一開頭就比較兩種不同的政治運作和結果：一是無爲而天下百姓自在寬宥，一是有爲(堯與桀皆是)致世局混亂生民流失性命之情。其攻擊盜跖曾史亦異於前三篇，蓋彼乃認爲世之有盜蹠曾史之行，是導源於君王以有爲去治天下，使百姓淫性遷德、喬詰卓鷙所致，且世間既有盜蹠曾史的善惡行爲出現，國君必然又另立一套賞善罰惡的機括以牽制人民，人民爲了迎合適應此機括，定然再產生新的盜蹠曾史之行，而國君復會再制定新機括以應對之，結果在這種惡性循環下，君既無寧日，民亦不能安於性命之情，故曰：「自三代以下者，匈匈焉終以賞罰爲事，彼何暇定其性命之情哉？」因此，爲了徹底消滅盜蹠曾史等虛妄分別所帶來的困擾，就只有從矯正君王的有爲下手，君王如能放開一步，蠢動的人心即可復歸於寧靜，則天下可安，百姓可自在。

二、第二章是藉崔瞿和老聃的對話，說明無爲而後天下治的道理，通篇皆從反面立言，矛頭直接指向黃帝堯舜，並觸及三代的聖王。彼以爲當今之世之所以會「賢者伏處於大山嵁巖之下，而萬乘之君憂慄乎廟堂之上」、「殊死者相枕也，桁楊者相推也，刑戮者相望也」，是肇因於「昔者黃帝始以仁義攖人之心」——攖是攪亂的意思——人心是最容易受外在的東西牽扯擺蕩的，本性雖深靜如淵，只要一被撓動，則動如懸天，所以「僨驕而不可係者，其唯人心乎？」而自從黃帝用仁義牽動人心後，世界就不再安寧，雖聖如堯舜，仍不免於「股無胈，脛無毛，以養天下之形，愁其五藏以爲仁義，矜其血氣以規法度，然猶有不勝也」，於是只好用賞罰來濟其窮，然此是以火救火，每下而愈況，「施及三王而天下大駭矣」，人心經此一再摧殘，已完全被切割，大家都在相待中算計猜疑，此又何怪乎當今天下之脊脊大亂？所以人間的惟一出路是：「絕聖棄知而天下大治」。（註一五）

通觀此兩章，其抨擊的焦點全集中在統治者身上，雖古代聖王亦不能倖免，至於當時的諸侯，文中並沒有點名批判，但其藉古諷今的動機，卻是昭然若天，若非對威權宰制恨之入骨者，怎膽敢出此驚人之舉呢？

伍、四篇與老莊之比較

欲比較四篇與老莊之關係，須先說明老莊的異同。然本文論述之重點不在老莊，故僅作扼要之提示。筆者亦曾撰〈試論道的雙重性——道德經中的「無」與「有」初探〉（註一六）一文，有關吾人現階段對老子思想的掌握，均表達於該文，請諸師友參考，至於莊子思想之底蘊，恐非短時間內能說清楚，此且依上述拙文結論之一——「無」是首出概念，是工夫也是境界——爲標準，檢證莊子內篇中老莊相關之線索，先說〈逍遙遊〉：

逍遙遊是莊子的最高境界，它超越了宰官的知行德徵、宋榮子的清高自矜、列子的忘懷福樂，也超越了朝菌蟪蛄冥靈大椿的壽夭久暫、蜩鳩斥鴳冥鯤雲鵬的小大高低，而能乘天地之正，御六氣之辯，遨遊乎無窮，自足於無待，此又可名之曰：「至人無己，神人無功，聖人無名」的境界，總之是「無」的境界。欲證此境界，則端賴「化解」的作用——化掉心中之蓬草，使眞心虛靈無礙，化掉物用之執著與名位之迷戀，使生命開放無滯——總之是「無」的工夫。〈逍遙遊〉中所揭示者，乃從「無」的工夫證成「無」的境界，此完全是老子的義理特色。

再說〈齊物論〉。〈齊物論〉一開始就說「吾喪我」，喪我就是「無」的工夫。〈齊物論〉又認爲，由於「道隱於小成，言隱於榮華，故有儒墨之是非」，故有「大知閑閑，小知閒閒，大言炎炎，小言詹詹」之差別，所以聖人不應該追逐是非、妄分大小，而要握道樞以應無窮；不應該就利違害、喜求緣道，而要和是非以休乎天鈞，俾使有封有畛、破裂虧損的道，復通爲一，這種「是非兩行，彼是莫得其偶」的應變手段，其實就是化掉黏滯、掙脫執着的方法，此方法亦即是「無」的功夫。復次，〈齊物論〉形容「道」是未始有封、未始有常、無成無毀、無虧無愛，它「注焉而不滿，酌焉而不竭」，又如天籟般，能吹萬不同，使萬響皆有其自己而又不知怒者其誰；又形容體道證德的聖人是：不與物相刃相靡、行盡如馳，惟「置其滑涽，以隸相尊」、「參萬歲而一成純」，和天倪而物化，故能忘年忘義，而達成「天地與我並生，而萬物與我爲一」的境界。換言之，「道」是「無」，境界也是「無」，此再加上前面已提到之工夫上的「無」，則其與老子思亦若合符節。

學者多言〈逍遙遊〉是莊子的境界，〈齊物論〉是莊子的工夫，其實逍遙中明寫工夫，齊物中暗寄境界，而工夫與境界亦莫不繫屬於「無」、以「無」爲本，所以逍遙齊物實和老學同一路數，語云：「嚐一臠而知全俎。」內七篇本環環相扣，〈逍遙遊〉、〈齊物論〉既見其梗概，則〈養生主〉以下諸義可知之矣，今暫不及詳究。

然老莊思想雖本脈相連，表達之型態卻截然有別，風格亦有明顯之差異，牟宗三先生說：

> 老子比較沈潛而堅實（more potential and more substantial）莊子則比較豁顯而透脫（more actual）。沈潛，則多隱而不發，故顯深遠。堅實，則體立而用藏，故顯綱維。顯豁，則全部朗現，無淺無深，無隱無顯，而淺深隱顯融而爲一：淺即是深，顯即是隱。透脫，則全體透明，無體無用，無綱無維，而體用綱維化而爲一：全體在用，用即是體，全用在體，體即

是用。（註一七）

吾人深讀《道德經》和《南華七篇》之後，亦有相同之印象。老子五千文，言簡而意賅，莊子七篇則芒忽恣縱，諔詭可觀，一顯沈潛，一顯透脫；老子既說「無」復說「有」，最後又說「正言若反」而歸諸於「玄」，重辨證之超越，多分析批判，莊子則天人相忘，其一也一，其不一也一，體盡無窮，而遊無朕，盡其所受乎天，而無見得，現跡冥之圓融與辯證之融化；老子有壁立千仞、泰山巖巖之氣象，莊子則顯隨波逐流、和風煦日之親切，凡此皆老莊之不同也。

既明莊老之異同，底下即以此異同爲標準，勘定四篇與老莊之關係：

一、術語用詞之比較

㈠老莊皆重道德，《道德經》中「道」字出現七十四次，「德」字出現四〇次，《南華七篇》中「道」字出現四十二次，「德」字出現三十四次，然二者皆無「道德」連綴之例，四篇則「道」字出現十二次，「德」字出現十九次，其中「道德」連綴成詞凡五見。

按：「道」與「德」對舉是分析性用法，道偏客觀義，德重主觀義，客觀之道具無限之義蘊，內在於人則謂之德，德有三義：有德（即道內在於人，人皆含藏道之無限可能，此猶天台之「理即」）、修德（即人能認同道、自求道之豐富可能性之實現，此猶天台之「分眞即」）、證德（即道成肉身，功德圓滿，此猶天台之「究竟即」），若到達究竟果位，就可即道即德，道德不二，故「道」與「德」雖似可分，實不可分，然老子熱衷分析之批判，「道」與「德」之間特顯主客之姿，且重客觀道體之意尤重，莊子長於辨證的融化，全道是德，全德是道，道德不離於人，故特別關懷主觀的生命，而當須作主客之區分時，則每以天人對舉（註一八），今四篇亦重道重德，所認眞關懷者則是人的生命，對客觀之道體著墨甚少，所以是親莊不親老，然彼又富於批判色彩，不類莊子之安時處順，是又有得於老子者，其在術詞之使用上亦見一斑，如彼以「德」表生命之本眞，而當其五次使用「道德」一詞時，上下文之間皆與老子「大道廢，有仁義」之語句相同，則彼所謂「道德」其實是指客觀面的道而言，此則近老而不近莊，據此，故筆者以爲，四篇實是紹述莊子之心願，然其手段則是借道於老子。

㈡《道德經》和《南華七篇》中都沒有「性」字，四篇中則出現四十二次，其中「眞性」、「常性」、「性命」、「性情」各用一次，「性命之情」用七次。

按：之所以會有如是大之差異者，是四篇將代表生命本眞的「德」，和「性」並用的緣故，這可能與「性」字的大量流行有關，在四篇中「德」字出現十九次，可是就有八次和「性」字對應使用，如：「擢德塞性」、「淫其性遷其德」、「削其性侵其德」等皆是，可見「性」和「德」的意義非常接近，可是在四篇中，「性」字偶而又與「生」、「身」等對應使用，如曰：「殘生損性」、「傷性以身爲殉」是也，所以這三者亦有意義上的關連，若在老子，則「德」與「身」有仔細之區分，《道德經》十三章說：「吾所以有大患者，爲吾有身，及吾無身，吾有何患？」正說明「成德」與「有身」有價値上的不同，但是在莊子又不一樣，他用「身」字、用「生」字時，常有「德」的作用在，如〈養生主〉曰：「爲善無近名，爲惡無近刑，緣督以爲經，可以保身，可以全生，可以養親，可以盡年。」即是一例，因此，四篇的關係顯然又與莊子較為親密。

二、義理內容之比較

㈠珍惜「生之自然」的可貴，主張返歸清虛寧靜、無執無欲的生命本德，反對人為的造作宰制，嚮往和諧開放的自由社會，這些都是道家思想的標籤，四篇中屢屢強調安性命之情，極力抗議有為有作之治天下，堅決宣告無為而在宥天下，甚至標榜原始洪荒之山無蹊隧、澤無舟梁以喻徹底解放之可貴，凡此皆是道家本色。

㈡聖知仁義、貨利奇巧在《道德經》中都被當作外在於「生命之自然」的人為造作，老子極力的批判它，說它是疏離人性、使天下紛擾不安的亂因，務須絕之棄之；《南華七篇》莊子亦曰：「仁義之端，是非之塗，樊然殽亂。」並說：「墮枝體，黜聰明，離形去知，同於大通。」四篇中對聖知仁義、禮樂政刑之抨擊不餘遺力，視其乃「外立其德以亂天下者」，此與老莊頗有雷同。

然四篇之義理，實有過於激越而不相若於老莊者：

㈠老子之反對聖知仁義，並不是反對聖知仁義本身，而是反對那些久假而不歸的虛文矯飾；反對它，其實是辨證地超越它，最後卻在成全它，這個就是「正言若反」，王弼在《老子指略》中說：「老子之書，其幾乎可一言而蔽之。噫！崇本息末而已矣。」（註一九）又說：「絕聖而後聖功全，棄仁而後仁德厚。」（註二〇）乃深得老子玄旨。另外，莊子雖曾說：「仁義之端，是非之塗，樊然殽亂。」（〈齊物論〉），並藉許由之口，譏諷被堯舜用仁義黥面，用是非劓鼻的意而子（註二一），然而莊子是在提醒我們：「絕跡易，無行地難。」（〈人間世〉），勸告世人：「無爲名尸，無爲謀府，無爲事任，無爲知主。」（〈應帝王〉），至於他心目中最高的境界卻是：「用心若鏡，不將不迎，應而不藏，故能勝物而不傷」（〈應帝王〉）之跡冥圓融，〈天下篇〉說：「獨與天地精神相往來而不敖倪於萬物，不譴是非，以與世俗處。」正是這種境界的充分表達，今觀四篇中對聖知仁義、禮樂政刑之攻訐，皆眞斥爲毒蛇猛獸，必完全斬絕而後快，則其與老莊相比亦可謂是過爲已甚了。

㈡老子曾說：「小國寡民，使有什伯之器而不用，使民重死而不遷徙，雖有舟輿，無所乘之，雖有甲兵，無所陳之，使人復結繩而用之。甘其食，美其服，安其居，樂其俗，鄰國相望，雞犬之聲相聞，民至老死不相往來。」（註二二）若對此章作單獨考察，則老子不免有退化史觀之嫌，然若通盤檢討整部《道德經》，則不難發現老子所迫切關心的，是過分膨脹的欲念與過分宰制的禮樂政刑給人類帶來的災害，所以他要聲嘶力竭的呼籲：「化解過度之文明糾葛與情識波動，讓人性及社會回歸原來應該有的美好」，此所謂「回歸原來應該有的美好」並不是走歷史回頭路，而是價值論意義的返本歸宗，也是生命源頭的靈根再植，因此，「復結繩而用之」等應該是一項寓有批判反省和超越肯定之意識的宣言，而且是以正言若反的方式來表達之象徵性語言，絕不是實然的描述，但四篇中〈馬蹄〉和〈胠篋〉兩次表達對原始洪荒的強烈憧憬，並用心描繪草莽宇宙的種種美好，在同時也對現實環境的種種壓迫，淋漓盡致地加以揭發，則其正反虛實之間，使人容易產生退化史觀的聯想亦所難免，此比之以老子，恐不免「畫虎不成反類犬」的嘲訕了。甚者，即使能對四篇作同情的了解，將他們的憧憬洪荒亦視成象徵性語言，但他們那種一往破盡的態度，雖未必等同於退化史觀論者，然終究不能免於「文明無用論」、「進化無用論」之質疑，蓋凡只破不立或以破爲立者，其應有之正面意義，皆不易豁顯也。

陸、結論

莊子〈駢拇〉、〈馬蹄〉、〈胠篋〉、〈在宥上〉四篇都成立於戰國末年，四篇作者對當時峰火連天、民不聊生的時代背景，以及假藉仁義之名，行宰制之實，視生命爲耕戰工具的威權統治，都有著深沈的感受與強烈的不滿，所以他們企圖徹底改造既有的模套規矩，更準確地說，是要徹底的否決所有已然百病叢生的人文現狀，把人性從層層羅網中解放出來，讓天下百姓活在沒有任何機括的自由社會，他們有英雄氣，憑著熱血膽識，用如椽大筆寫出石破天驚的言論，強烈支持他們的，就是「不認同的思想」，他們要使用「否定的辨證法」，批判一切，撻伐一切。

可是，他們的理想雖然來自道家，他們的批判精神雖然受老子的啓蒙，方法手段卻過於慘烈。老子的方法是屬於「辨證的否定」（dialectical negation），反反是爲了顯眞，否定是爲了超越之以成全之，所以他有治療的功效，他「去病不去法」，四篇作者卻困於激情，而一味地否定與批判，結果容易讓人聯想它們會是連病帶法一起剪除，王船山說：

> 外篇非莊子之書，蓋爲莊子之學者，欲引申之，而見之弗逮，求肖而不能也。以內篇參觀之，

則灼然辨矣。內篇雖參差旁引，而意皆連屬；外篇則踳駁而不續。內篇雖洋溢無方，而指歸則約；外篇則言窮意盡，徒爲繁說而神理不摯。內篇雖極意形容，而自說自掃，無所黏滯；外篇則固執粗說，能死而不能活。內篇雖輕堯舜、抑孔子，而格外相求，不黨邪以醜正；外篇則忿戾詛誹，徒爲輕薄以快其喙鳴。內篇雖與老子相近，而別爲一宗，以脫卸其矯激權詐之牛；外篇則但爲老子作訓詁，而不能探化理於玄微，故其可與內篇發明者，十之二三，而淺薄虛囂之說，雜出而厭觀；蓋非出一人之手，乃學莊者雜輯以成書。其間若駢拇、馬蹄、胠篋、天道、繕性、至樂諸篇，尤爲悁劣。（註二三）

王船山這番比較，頗扼要痛快，然吾人將四篇細予處理之後，則有兩點不同意見：其一，把四篇激烈的批判精神說成「忿戾詛誹，徒爲輕薄以快其喙鳴」，顯然疏忽了他們敢於向威權挑戰以爲生民請命的悲壯情懷；其二，此四篇本不在乎探化理於玄微，故亦談不上爲老子作訓詁，它們只是循著老子的招數，彷彿老子的分析批判，進行時代的戰鬥任務罷了。不過王船山說它「固執粗說，能死而不能活」卻是先得我心、切中肯綮的批評。四篇內容並無鞭辟入裡之處，於老莊玄旨隱而不發，惟以其激烈、偏宕之批判理論——對現實之不認同思想——抨擊當時之反人性之宰制，此之謂「固執粗說」，然其一往破盡，不留意再提示掃跡歸本、反有證無、即無即有、跡冥圓融才是道家的充極理境，結果不免忽略「生命治療學」的積極意義，而遭致連病帶法同歸於盡的誤解和指責，這就是「能死而不能活」。道家思想沒有超越的創造實體來生發人文化成的動力，但仍不失爲充滿生香活意的生命學問，四篇作者卻由於悲心有餘，圓智不足，對道家學問不能破立兼顧的克紹箕裘，以致成了只凸顯反反而疏於顯眞的激越性格，若是眞正漆園老吏就不會有此流弊，則四篇皆當列於外篇，相對於內七篇而屬莊學之外（註二四）亦宜矣。

【註釋】

註　一：見《史記會注考證》頁八三四。（台中中新翻印本，民國六十五年）

註　二：見《蘇東坡全集》上冊，頁三九一～三九二。（台北河洛，民國六十九年翻印本）

註　三：見《莊子讀本》頁三一。（台北三民，民國六十三年）

又：表中之佚名者，當指大陸學者關鋒，〈莊子外雜篇初探〉一文見氏著《莊子內篇譯解和批判》（北京中華書局一九六一）頁三一九～三五八。

註　四：湖北人民出版社，一九八三。

註　五：此書本是劉氏北大之博士論文，後收入中國社會科學博士論文文庫。（北京中國社會科學出版社，一九八八）

註　六：見《論語・季氏篇》。

註　七：參見陳登原《國史舊聞》上冊頁一八六～一八七（台北明文，民國七十三年翻印本）。

註　八：參見《史紀・秦本紀》。

註　九：參見《史記．商君列傳》。
註一〇：見《莊子哲學探究》頁一一一。（台北日盛，民國六十四年）
註一一：本小節引號中之詞語皆見《莊子．駢拇篇》。
註一二：見《先秦諸子繫年》頁一六四。（台北東大，民國七十五年重印本）
註一三：見《莊子新探》頁一三四。
註一四：本小節引號中詞語皆見《莊子胠篋篇》。
註一五：本小節引號中詞語皆見《莊子在宥篇》。
註一六：見《鵝湖月刊》一八九期頁三一～四〇。（台北鵝湖，民國八十年三月）
註一七：見《才性與玄理》頁一七二。（台北學生，民國六十七年台印本）
註一八：此義徐復觀先生已孤明先發，參見《中國人性論史先秦篇》頁三六五～三七〇。（台北商務，民國五十八年）
註一九：見樓宇烈《老子周易王弼注校釋》頁一九八。（台北華正，民國七十年翻印本）
註二〇：同前書頁一九九。
註二一：事見《莊子．大宗師》。
註二二：見《道德經．八十章》。
註二三：見《莊子解》卷八頁七六。（台北河洛，民國六十三年翻印本）

註二四：此是王師邦雄之斷語，「外」有橫出之意。王師邦雄亦曰：「吾人以爲，代表莊子思想者爲內七篇，天下、寓言及莊子門徒對莊學的直接契悟，秋水、庚桑楚諸篇對莊學亦有相應的把握與引申，故亦列爲必讀或可讀之篇章，其他各篇則可視爲道家後學轉出的思想，可另成一系統加以研究」。（《中國哲學論集》頁五九。台北學生，民國七十二年）

附錄三

畸人與真人

——莊子大宗師的超越性和圓融性

壹、前　言

「從天人的超越區分到辯證融合」乃爲儒家、道家思想中，生命境界之昇進與理想人格之證成的共通型模（註一）。人是能本之理則以思以行的存有，凡人經由理性的自覺反省，必不甘願於無明盲昧、習氣莽撞，而亟盼突破封限以期超拔解脫，此一內在靈明之開顯，具現於生活世界中，就成爲人類自我改造、止於至善的永恒動程，故《大學》說：「苟日新，日日新，又日新。」日新又新、純亦不已的成德礪鍊，立體展示了人類生命之深度遠景。

生命的淨化、超化在不同的倫理體系中，會有各擅勝場的不同慧解，但無論說它是轉識成智也罷、或是超凡入聖也罷，在功夫之初下手處，皆免不了會先有主客間能所之分立，而在實踐之過程中，也必先預設境界上異質異層之差異，這種帶價值意味的區分，儒家說是天理人欲的義利之辨，並主張「君子喻於義，小人喻於利」（註二），道家則認爲是天眞與人僞的誠妄之別，而肯定體道之眞人是清虛自然，並將躁進妄動判爲沈淪迷海的俗人。儒家道家這種在教義上所做的立體型二元分解，一言以蔽之，就是「天人的超越區分」。

「天人的超越區分」凸顯了人類生命雖有限而可無限的莊嚴高貴，每一個人在這裡都能體認自我壁立千仞、昂首天際的偉大，陸象山說：「仰首攀南斗，翻身倚北辰，舉頭天外望，無我這般人」（註三），即是最佳印證。然而此一區分由於上下二元間必不可免的劇烈拉扯，於是就顯露出強烈的緊張性，蓋當人立足此際時，一定要涵養察識、要檢討批判、要有所爲有所不爲，總之要抗拒誘惑、戰勝邪僻，所以就得示現怒目金剛的霹靂形相。「天人的超越區分」既然帶著對立與緊張，那就不是沖漠無朕的圓滿和諧，所以仍須百尺竿頭、更進一步化解其壓迫，讓壁立千仞的高不可攀當下歸於一切平平而隨波逐流，惟至乎此方始達臻超善超惡、即天即人的圓融理境，孟子說：「可欲之謂善，有諸己之謂信，充實之謂美，充實而有光輝之謂大，大而化之之謂聖，聖而不可知之之謂神」（《孟子・盡心篇下》），又說：「夫君子所過者化，所存著神，上下與天地同流，豈曰小補之哉」（〈盡心上〉），正說明儒家聖人的神妙化境，必當是周流六合、成己成物，並能夠以元亨利貞、保合太和而彰顯出瀰天蓋地的氣象，我把這種造化功德稱之爲「天人辯證融合」的圓滿自在。

「天人辯證融合」的整全和諧在道家中也有類似的描述，老子在《道德經》中說：「聖人常善救人，故無棄人；常善救物，故無棄物」（廿七章）、「聖人無常心，以百姓心爲心。善者吾善之，不善者吾亦善之，德善；信者吾信之，不信者吾亦信之，德信。聖人在天下，歙歙然爲天下渾其心，聖人皆孩之」（四九章），凡此都是鮮明的例子。不過老子畢竟長於批判、多分析之表達，後起者惟莊子能克紹箕裘。莊子既知老子「以本爲精，以物爲粗，以有積爲不足，澹然獨與神明居」（三三：五四）（註四）的超越感，也能深契其「以空虛不毀萬物爲實」、「常寬容於物，不削於人」（三三：五六）的圓融性，他體現在人格實踐上，就是一方面要力求自我之超拔而「獨與天地精神相往來」（三三：六五），另一方面更要「不敖倪於萬物，不譴是非，以與世俗處」（三三：六六）。「獨與天地精神相往來」突顯人的超越面，卻常不免於孤高冷峻、蒼莽悲涼，莊子在〈大宗師〉中稱此爲「畸人」，能化掉畸人的孤亢而與萬物無障無隔、共飮太和的才是「眞人」。〈大宗師〉的畸人和眞人分別體現了「超越之區分」、「辯證之融合」的境界，今試據原典詮釋其義。

貳、畸人的超越性格與反反以顯真的功夫

一、畸人的超越性格——遺世而獨立

〈大宗師〉說：「畸人者，畸於人而侔於天，故曰：天之小人，人之君子，人之君子，天之小人」（六：七四），成玄英疏云：「侔者等也、同也。夫不修仁義，不偶於物，而率其本性者，與自然之理同也」（註五），畸人證知自然之必當，故率其本眞、唾棄禮法而不偶於俗，此眞俗之對揚是爲「天人之超區分」，此一區分拉開了天人之距離，也呈現出天眞本德與俗知迷情的二元分解，在〈大宗師〉中，

莊子將此二元分解又做了以下幾種表達：

㈠**知與不知**　道家反對黏著於名利計較上的世智辨聰，所以莊子說：「名也者相軋也，知也者爭之器也，二者凶器，非所以盡行也」（四：六）、「聖人不謀惡用知」（五：五二），然而能知「世俗巧知」之不可用，其本身亦是一種「知」，此爲第二序之「能反省之知」，反省之知（我們姑且借《道德經．三十三章》之「自知者明」而稱它爲「明知」）遮撥了俗情迷心之「妄知」，如「明知」是符應於道的「知」，則「妄知」就是悖離眞理的「不知」，明妄之間乃構成了知與不知之對揚，關於此，〈大宗師〉有段甚重要之原文：

> 知天之所爲、知人之所爲者至矣。知天之所爲者，天而生也，知人之所爲者，以其知之所知，以養其知之所不知，終其天年而不中道夭者，是知之盛也。（六：一）

這段話的解釋歷來衆說紛云，卻治絲益棼，筆者的研究認爲，它是在形容「天人超越區分」中的畸人體段。蓋「知天之所爲」、「知人之所爲」的知都是「明知」，而「以其知之所知，以養其知之所知，終其天年而不中道夭者」更是明知之盛，只因爲此一明知仍須與妄知遮撥對顯，所以〈大宗師〉說它是「有所待而後當」（六：三）。這種區分在《道德經》中最不乏其例：除了第三十三章說「知人者智，自知者明」之外，第十六章更清楚說道：「知常曰明；不知常，妄作，凶」，其語氣，其態度皆乾脆俐落，所以筆者會說老子是長於分析、批判者。

㈡**外與不外**　外就是置之度外，也就是生命桎梏的超離解脫。世情的迷執（如名利的計較、是非的堅持、生死的固著等）封限了自我生命的靈動，人本來可以逍遙無待於無何有之鄉、自由往來於南海北冥的，都是有了迷執才受到羈絆而揮洒不開，老子有見於此，乃特別強調無為、無事、無欲的重要，希望通過「無之以爲用」（十一章）的蕩相遣執、融通淘汰，以開顯人性無窮的精神空間，〈大宗師〉中莊子也拈出一個「外」字和老子的「無」相呼應，目的就是希望能使本眞自我超脫乎俗情迷執之外，〈大宗師〉女偊說：

夫卜梁倚有聖人之才而無聖人之道，我有聖人之道而無聖人之才。吾欲以教之，庶幾其果爲聖人乎，不然，以聖人之道告聖人之才亦易矣，吾猶守而告之，參日而後能外天下，已外天下矣，吾又守之，七日而後能外物，已外物矣，吾又守之，九日而後能外生，已外生矣，而後能朝徹，朝徹而後能見獨，見獨而後能無古今，無古今而後能入於不死不生。（六：二二七）

卜梁倚的聖人之才類比於天台宗所謂的「理即」，也是佛所說人身難得的「衆生心」，女偊的聖人之道則是「究竟即」、是大自在。從外天下起逐步地揚棄、昇華，此不只是女偊對卜梁倚的提攜，其實也是女偊自己證道歷程的表白，在這裡，朝徹、見獨是個關鍵，也是個突破，郭象說：

遺生則不惡死，不惡死故所遇即安，豁然無滯，見機而作，斯朝徹也，當所遇而安之，忘先後之所接，斯見獨也。（註六）

成玄英又補充、發揮郭象的意思說：

朝，旦也；徹，明也。死生一觀，物我兼忘，惠照豁然，如朝陽初啓，故謂之朝徹也。夫至道

凝然，妙絕言象，非無非有，不古不今，獨往獨來，絕待絕對，覩斯勝境，謂之見獨。（註七）

其實郭象的意思已通透了然，而且爽朗簡捷，成疏則有瑕疵，亦不免畫蛇添足。依郭象之意，朝徹、見獨正是聖人徹法源底的清朗透明，所以他接著注「無古今」爲：「與獨俱往」，注「不死不生」曰：「夫係生故有死，惡死故有生，是以無係無惡，然後能無死無生」（註八）。「與獨俱往」、「無係無惡」乍看似仍不能是「雖有待而可無待」，但問題是女偊是在言說之當下證「無古無今」，又在視聽食息的生活世界中說「無生無死」，此類比於佛家就是煩惱即菩提、生死即涅槃，甚至是無煩惱也無菩提、生死與涅槃兩不住者，所以女偊絕非只是「獨與天地精神相往來」而已，他應該已具現了「不敖倪萬物，不譴是非，以與世俗處」的化境，惟如此他才敢說「我有聖人之道」。

朝徹見獨既然是眞人的圓融境界，則在圓理眞人化境之前，逐一展現「外」的工夫之幾個步驟，其實也正是畸人在顯露他「外與不外」相激揚之精采的時候了。

㈢解與不解　人生一切的苦迫災難，依道家的理解，是肇端於情枷欲鎖的束縛和師心成見的綑綁，總之是人爲的宰制操控、壓縮了精神空間，且積累了無明的共業別業，才致使無量生民倍嘗倒懸之苦，故如何化解人爲造作，讓天地回歸原有清虛自然之寧靜，乃老莊悲天憫人的共識，然而老子曾說：「知者不言，言者不知。塞其兌，閉其門，挫其銳，解其分，和其光，同其塵，是謂玄同。故不可得而親，不可得而疏，不可得而利，不可得而害，不可得而貴，不可得而賤，故爲天下貴」（五十六章），可知能爲天下貴的眞人，是從無執的批判工夫一路過來，到最後則是和光同塵、玄同天人以顯圓融的事事無礙，換言之，眞人的解脫並不是捨離，而是安於生死而證無生無死，這種解脫乃解而不解、不解而解者，以是之故莊子在〈德充符〉中才會有「天刑之安可解」（五：三一）的論調，今且看〈大宗師〉中子輿之自況：

浸假而化予之左臂以爲雞，予因以求時夜，浸假而化予之右臂以爲彈，予因以求鴞炙，浸假而化予之尻以爲輪，以神爲馬，予因此乘之，豈更駕哉。且夫得者時也，失者順也，安時而處順，哀樂不能入也，此古之所謂懸解也，而不能自解者，物有結之，且夫物不能勝天久矣，吾又何惡焉。（六：五〇）

子輿深知，若物欲膠結於靈台之內，則人的生命必將爲生死好惡所恐動、得失哀樂所懸繫而不得自解，所以主張「安時處順」以超化、淨化自己，安時處順原是道家勘破迷執、逍遙和樂的保證，可是子輿雖然能有所證悟卻沒有體道者的喜悅，反而充滿無可奈何的悲涼蒼莽，原因就在於他仍處在解與不解的對立中，「物不能勝天」就是他心境的寫照。子輿無法再進一步玄同解與不解，所以難免會有孤涼之悲情。同樣的情形也出現在子來跟子桑身上，子來說：

父母於子，東西南北，唯命之從，陰陽於人，不翅於父母，彼近吾死而我不聽，我則悍矣，彼何罪焉。夫大塊載我以形，勞我以生，佚我以老，息我以死。故善吾生者乃所以善吾死也，今之大冶鑄金，金踊躍曰：我且必爲鏌鋣，大冶必以爲不祥之金，今一犯人之形，而曰人耳人耳，夫造化者必以爲不祥之人，今一以天下爲大鑪，以造化爲大冶，惡乎往而不可哉？（六：五六）

又〈大宗師〉最後一段：

子輿與子桑友，而霖雨十日，子輿曰：「子桑殆病矣。」裹飯而往食之，至子桑之門，則若歌若哭，鼓琴曰：「父邪母邪？天乎人乎？」有不任其聲而趨舉其詩焉，子輿入曰：「子之歌詩何故若是？」曰：「吾思夫使我至此極者而弗得也，父母豈欲吾貧哉，天無私覆，地無私載，天地豈私貧我哉？求其爲之若者而不得也，然而至此極者，命也夫。」（六：九四）

子來以不聽順陰陽造化之命爲不祥，不祥則不能解於倒懸，一定是「唯命之從」才是祥、才能解，可知祥與不祥、解與不解他是非常在意的，只此一念之未化，他還不算眞解脫，若是眞正悟者，當下就是即人即天，那裡還有什麼陰陽？什麼造化？「唯命之從」是知其不可奈何而安之若素，其落漠之情已躍然紙上，至於子桑的自白，更是令人聞之而心有戚戚焉，筆者因此而共稱他們是畸人。

㈣方內與方外　方內方外的分別是〈大宗師〉首先提出者，方內是世俗禮法適用的範圍之內，方外則是超離乎俗法塵垢之外的清涼社會，方內方外不必然是空間的劃分，更貼切的講，它應該是隨著人性主觀修養的差別，所可能產生的不同境界，方內之人是不能避免萬丈紅塵的醉客，能游方於外的，才是自性清淨不受干擾與污染的智者，〈大宗師〉形容游方之外的高人是：

彼方且與造物者爲人，而遊乎天地之一氣，彼以生爲附贅懸疣，以死爲決疣潰癰。夫若然者，又惡知死生先後之所在。假於異物，託於同體，忘其肝膽，遺其耳目，反覆終始，不知端倪，芒然彷徨乎塵垢之外，逍遙乎無爲之業，彼又惡能憒憒然爲世俗之禮，以觀眾人之耳目哉？（

六：六七）

這段話對道家人物的描寫可謂淋漓盡致，對道家義理的傳達亦精要恰當，凡畸人之超越性、批判性以及眞人之圓融性、完滿性從此中皆可得知端倪，問題是這些話是孔子說的，若非孔子之整全圓現生命理想，必不能如此中肯地把握之、敘述之（註九），從文中「假於異物，託於同體」和「反覆終始，不知端倪」的弦外之音聽來，眞正游方之外的高人其實是不受方內、方外之限制的，如果硬要固執方內方外之分，最多只能成全個侔於天的畸人而已，像孟子反和子琴張都是這一類人物。

孟子反、子琴張是方外之人，當他們面對至交好友子桑戶的死亡時，共同的反應竟然是「或編曲、或鼓琴，相和而歌」（六：六三），這種反應固然充分表露了他們看破生死的自在瀟洒，但也不免過於驚世駭俗，奉孔子之命前來幫助料理喪事的子貢就受不了他們行爲的畸形而發出「修行無有而外其形骸」（六：六五）的不滿，這顯示了畸人生死了然於心的達觀，總是和游方於內的俗人相對立的，他們（畸人）還不能像孟孫才那樣的圓熟，「孟孫才其母死，哭泣無涕，中心不戚，居喪不哀，無是三者，以善處喪蓋魯國」（六：七五），魯國是禮樂的故鄉，孟孫才的道家行徑卻能被魯國上下所肯定，這就是他的圓融化境，故孔子讚美他說：

孟孫氏不知所以生，不知所以死，不知就先，不知就後，若化爲物，以待其所不知之化已乎，且方將化，惡知不化哉，方將不化，惡知已化哉。……且彼有駭形而無損心，有旦宅而無情死，孟孫氏特覺人哭亦哭，是自其所以乃。（六：七七）

相對於孟孫才的「人哭亦哭」，孟子反、子琴張的「或編曲、或鼓琴，相和而歌」就未免太不夠人情味了，這其中的原因，就在於他們太執囿方內、方外的隔絕割離，而只此一間之隔就成其爲畸人而不能像孟孫才那樣的眞人了。

二、畸人的批判工夫——反反以顯真

辯證的發展是正、反、合的昇進過程，它相對於精神境界的開顯，就是從超越到融合，莊子在〈大宗師〉中將生命意義的極成規定爲從俗人經畸人以證眞人，正完全吻合此一命題。畸人有崇高的超越性，但也是一種生命的割裂，所以他在「搏扶搖而上者九萬里」（一：三）之後，當發現「天之蒼蒼，其正色邪？其遠而無所至極邪？其視下也，亦若是則已矣」（一：四）時，就不免於孤亢悲涼之情，而弔詭的是，這一步的超越分裂，乃步向眞人境界之過程中所必然出現者。畸人要體貼「爲道日損」（四十八章）的知，以批判「爲學日益」（同上）的不知；要用「形固可使如槁木，而心固可使如死灰」（二：二）的外，以批判「其寐也魂交，其覺也形開，與接爲構，日以心鬥」（二：一〇）的不外；要用「務學以復補前行之惡」（五：二八）的解，來批判「倚樹而吟，據槁梧而瞑」（五：五九）的不解；要用「乘夫莽眇之鳥以出六極之外」（七：九）的遊方之外，來批判「躬行仁義而明言是非」（六：八三）的遊方之內；總之，就是要遮撥對顯，要反省批判，更一言以蔽之，就是要彰顯正反合辯證過程中「反」的階段功夫，從這裡我們看到道家人物不落俗套的眞性情和有所不爲的漢子氣，這豈是籠統的「消極」兩個字所能盡其底蘊者。

畸人側重反省批判是爲了對治和矯正，此乃達到眞人境界必經之霹靂手段，筆者願稱它爲「反反以顯眞」的功夫。「反反以顯眞」原非道家所專屬，《尚書・洪範》曾說：

> 無偏無陂，遵王之義，無有作好，遵王之道，無有作惡，遵王之路，無偏無黨，王道蕩蕩，無黨無偏，王道平平，無反無側，王道正直，會其有極，歸其有極。

此外，《論語・子罕》亦記載：「子絕四：毋意，毋必，毋固，毋我」，可見儒家也有這方面的體驗，但道家（尤其是老子）畢竟將它說得較多、較仔細；《道德經》是一部充滿著生命批判的作品，雖短短五千言，批判性質的否定詞卻到處充斥，信手拈來，就有：無爲、無私、無知、無執、無身、無欲、不爭、不欲、不積、不學、不自見、不自爲主、去甚、去奢、去泰、絕聖棄智、絕仁棄義、絕學無憂、損之又損……等，此等代表批判精神的否定詞或否定性動詞，我們可以根據《道德經》的義旨將它們濃縮成一個「無」字，並稱這種功夫爲「無的功夫」。

道家所謂「無的功夫」，是生命實踐中蕩相遣執、融通淘汰的功夫，功夫的極致，老子形容它是「損之又損以至於無爲」（四十八章），無爲則歸於清虛寧靜，這種淨化的靈界因爲沒有種種人爲塵垢的遮蔽，故能如光天霽月般清輝流佈，而映照出山河大地一片和諧美好，換言之，這種無的境界不但使個人保住了自己，也爲天地萬物的如如存在提供了絕對的保證，因此它其實是「無爲而無不爲」（四十八章）的，老子「無爲而無不爲」的境界在《莊子・大宗師》中就是「其好之也一，其弗好之也一，其一也一，其不一也一」（六：一九）的眞人境界。底下即續說其義。

叁、眞人的圓融理境與兩忘而化其道的冥會

一、眞人的圓融理境——天人不相勝

老莊生命理想之證成，是先要通過反省批判以消除人爲的偏見、解放人爲的執著，讓人的天德本眞如如朗現，最後達到即人即天、萬物一體的和諧境界，郭象說：「夫眞人同天人、齊萬致。萬致不相非，天人不相勝，故曠然無不一，冥然無不任，而玄同彼我也」（註一〇），憨山大師也說：「若超然絕俗則是以天勝人，若逐物亡性則是以人勝天，今天人合德，兩不相傷，故不相勝。必如此，方是眞人」、「任其天眞則在天而天、在人而人，天地同根、萬物一體，故天與人兩不相勝，必如此眞知妙悟渾化之極，乃可名爲眞人」（註一一），依此，故知天人不相勝的和諧境界即是眞人的圓融理境。

畸人是反，眞人才是合，如相對於畸人第二序的反省之知而言，則眞人的眞知乃是更進一步超克畸人知與不知的對立而顯一知而不知、不知而知的圓頓者，〈大宗師〉開宗明義先形容畸人迴然不侔於俗情的「知之盛」，接著馬上又遮撥其知之盛而說：

> 雖然，有患，夫知有所待而後當，其所待者，特未定也。庸詎知吾所謂天之非人乎？所謂人之非天乎？且有眞人而後有眞知。（六：二）

可知畸人之知是大知，能進一步化掉此大知，讓大知小知、有知無知一切歸於平平，那才是眞人眞知，也

才能天人不二，王師邦雄曾說過：

〈逍遙遊〉之由小而大、由大而化的成長飛越，以求得生命的超拔提升；〈齊物論〉之喪我因是、離形去知的眞君明照，由是而有物我的同體肯定。到了〈大宗師〉，始揭出「有眞人而後有眞知」之義，由朝徹見獨的工夫，而有「入於寥天一」的天人不二之境。（註一二）

此雖短短數語，然對於《莊子》內七篇生命理想之圓成，實有畫龍點睛之勾勒。

〈大宗師〉中莊子前後四次直接描述了眞人不訢不距的瀟洒體段，從這四段原文中我們可以確實瞭解，眞人之所以是眞人，就在他能超越俗知的計較，而不被俗知所迷惑；他能超越生死的喜惡，而不被生死所困限；他能超越欲望的競求，而不被欲望所擺布；他能超越情緒的紛馳，而不被情緒所牽引。然而更重要的是眞人也是人，他有知、有生死、有欲望、有喜怒，也有視聽食息，而且他還要立足在生活世界中表現其「淒然似秋，煖然似春，喜怒通四時，與物有宜而末知其極」（六：一〇），表現其「亡國而不失人心，利澤施乎萬世，不爲愛人」（六：一一），表現其「𩐋萬物而不爲義；澤及萬世而不爲仁；長於上古而不爲老；覆載天地、刻雕衆形而不爲巧」（六：八八），總之，眞人就是：

其狀義而不朋，若不足而不承；與乎其觚而不堅也，張乎其虛而不華也；邴邴乎其似喜乎，崔乎其不得已乎，滀乎進我色也，與乎止我德也；厲乎其似世乎，謷乎其未可制也；連乎其似好閉也，悗乎忘其言也。以刑爲體，以禮爲翼，以知爲時，以德爲循。（六：一四）

除此之外，我們還可以根據〈大宗師〉中其他寓言人物的故事，再為莊子心目中的眞人，描繪出如下的輪廓：

㈠**眞人是藏天下於天下的人**　「藏天下於天下」是物各付物、得其所哉的自由自在，也是閒適自得、物我皆榮的事事無礙，〈大宗師〉說：

夫藏舟於壑，藏山於澤，謂之固矣，然而夜半有力者負之而走，昧者不知也。藏小大有宜，猶有所遯，若夫藏天下於天下，而不得所遯，是恆物之大情也。（六：二五）

凡有所藏即有所執，無所藏就無所執。無何有之鄉、壙埌之野原本是鵬程萬里，但是人如果妄自菲薄、陷於迷惘，就會觸途成礙而大聲歎道：「這個世界小小小！」莊子有鑑於此，就鼓勵人要齊是非、合同異、去執去欲，以體現天地原有的寬大美好，所以〈德充符〉說：「眇乎小哉，所以屬於人也，謷乎大哉，獨成其天」（五：五四），在這裡天是由於無執而廣大，人則因為有執而藐小，藏小於大就是要用無執來克制有執。然而若執著於無執的話，無執亦是一種執著，至於「藏天下於天下」就不會造成無執本身的異化，它是「無所住而生其心」，所以執與不執皆兩行兩忘，必如是方可稱為「恆物之大情」，也才是眞人之境界。

㈡**眞人是攖而後成的人**　攖是世情的擾動，也是天人的對立緊張。眞人並非逃避天下、拱默山林以求自我的超脫，而是要任運隨化；他可以把一切的衝突矛盾徹底消融，讓大地祥和、寧靜，換言之，他是在世情的擾動中，以簡御繁、以不變應萬變的，是之謂「尸居而龍見，淵默而雷聲，神動而天隨」

（一一：一五），〈大宗師〉又說：

殺生者不死，生生者不生。其爲物無不將也，無不迎也，無不毀也，無不成也，其名爲攖寧，攖寧也者，攖而成者也。（六：四一）

按「殺生者不死，生生者不生」歷來無善解，或據《列子・天瑞》：「生物者不生，化物者不化」以類比其義，此恐有未妥。其實所謂殺生亦即絕棄對生之迷戀，然眞人之不迷執於生之可貴，並非對死有所嚮往也，故曰「殺生者不死」；復次，生生者必勇於其生、敢於其生，然眞人之生生亦非對生之執著不捨也，是謂「生生者不生」。總之，它其實就是「無係無惡」、「無死無生」，必如此方可謂「翛然而往，翛然而來」（六：七），方可謂「無古今」、「不死不生」。郭象對這段話也有精采的詮釋，他說：

任其自將，故無不將；任其自迎，故無不迎；任其自毀，故無不毀；任其自成，故無不成。夫與物冥者，物縈亦縈，而未始不寧也，物縈而不縈則敗矣，故縈而任之，則莫不曲成。（註一三）

「縈而任之」是執而不執的詭辭，也是「無所住而生其心」的化境，說「縈而任之則莫不曲成」也許把話表達得太強了一點，它不必然是儒家那種「範圍天地之化而不過，曲成萬物而不遺」（《易・繫辭傳上》）的曲成，而應該是老子那種「不爭而善勝，不言而善應，不召而自來，繟然而善謀」（七十三章）的「善貸且成」（四十一章），可是無論如何，它雖無爲其實是無不爲者，此惟眞人方能言乎此。

㈢真人是相忘於道術的人

「相忘於道術」的修為造化，使眞人能無黏無著地悠游自適於理想世界；眞人既不知有道、也不知有物、更不知有我，卻能與道相許、與物共榮、與己相安，而圓現了生命理想的神妙化境，〈大宗師〉說：

泉涸，魚相與處於陸，相呴以濕，相濡以沫，不如相忘於江湖，與其譽堯而非桀也，不如兩忘而化其道。夫大塊載我以形，勞我以生，佚我以老，息我以死，故善吾生者，乃所以善吾死也。（六：二二）

憨山大師闡釋其義說：

此言世人不知大道，而以仁義為至，故以仁愛親，以死事君，此雖善不善，故如泉涸而魚以濕沫相呴濡也。若能渾然悟其大道，則萬物一體，善惡兩忘，故如魚之相忘於江湖，如此乃可謂知天知人、天人合德，而能超乎生死之外，故在生在死無不善之者也。（註一四）

是故，惟知天知人又能進一步天人合德者，惟超乎生死之外又能進一步在生在死而無不善者，才是大眞人。蓋「兩忘而化其道」是破有待以證無待，若無待、有待依然對立，則必須再兩忘之，所謂「相忘於道術」者，方可進乎極致也，故〈大宗師〉又說：

魚相造乎水，人相造乎道，相造乎水者，穿池而養給，相造乎道者，無事而生定，故曰：魚相忘乎江湖，人相忘乎道術。（六：七二）

總之，凡人如欲無事而生定，就得相造乎無爲之大道；無爲原先是用來破有爲，到最後則要並此無爲而一起兼忘。必如老子所謂「爲無爲，事無事，味無味」（六十三章），才算圓現「生而不有，爲而不恃，長而不宰」（五十一章）的玄德，也才能「我無爲而民自化，我好靜而民自正，我無事而民自富，我無欲而民自樸」（五十七章）。

㈣真人是甘受天刑之戮民　眞人既相忘乎道術而顯即跡即冥之圓融，則眞人當可游方於內、游方於外，方內方外兩不掛搭，〈大宗師〉說：

以刑爲體，以禮爲翼，以知爲時，以德爲循。以刑爲體者，綽乎其殺也；以禮爲翼者，所以行於世也；以知爲時者，不得已於事也；以德爲循者，言其與有足者至於丘也，而人眞以爲勤行者也。故其好之也一，其弗好之也一；其一也一，其不一也一；其一與天爲徒，其不一與人爲徒，天與人不相勝也，是之謂眞人。（六：一七）

循是，眞人固非避世、厭世者也，他雖不掛不搭、無黏無著，卻總得行走人間，總得犯上萬丈紅塵；他要示相化衆，亦總得要有所爲、有所說，於是他會有不可解的「天刑」，也會是「天之戮民」（六：七一），然而其天戮、其天刑究其實乃圓教中所必然含括者，換言之，非天戮、天刑將不足以見眞人，牟宗三先生說：

佛之分別說即是業障罪之因緣。然佛既說法，不能不有所分別，以清眉目，故甘願受此帶累而不辭。言則響從，行則影隨，是必然之理也，此亦莊子所謂天刑，吾故順此而言一切聖人皆「

天之戮民也」。（孔子自稱曰「天之戮民」）……然則凡分別說者皆權跡也，即此權跡而解心無染，不壞不捨，亦不取不著，亦無縛無解，是之謂眞解脫，而「天刑」亦非刑矣，天之戮民即是大覺矣。（註一五）

又說：

夫聖人不廢學不廢禮，雖必帶有學之名跡與禮之華藻，然解心無染，無心于跡，則雖跡而能冥，跡亦即於本也。跡即于本，本不空懸，本亦即于跡。如是，則名跡與華藻不爲累。然而世人不能知其是如此也，故自外觀之，以爲這是至人之桎梏，必去之方可爲至人，去此名跡與華藻，自亦必廢禮與廢學，此爲遊方之外者之偏尚，故自彼觀之，孔子並未至「至人」之境，故其桎梏亦不可解，而視之爲天刑。然孔子富幽默，即甘心受此「天刑」而不辭。……分解地說，「遊方之內」即佛家所謂「世間」，處於跡中，自受跡之拘限而爲其所桎梏，此曰天刑，亦曰天之戮民；「遊方之外」則佛家所謂「出世間」，解脫世間之跡而爲至人，神人。若眞「內外不相及」，則內跡固無價值，即外本亦無價值。叔山無趾與孟子反、子琴張等是「不相及」地視孔子，然孔子甘於天刑而自稱爲天之戮民，則言外之意不必「不相及」。孔子自有渾化之幽默，故向、郭之注得以視孔子爲圓聖，此即「世出世間」打成一片也。（註一六）

牟先生這兩大段話貼切而精當，他說無縛無解才是眞解脫，說世出世間打成一片才是大本領，凡此皆對莊子之眞人能心領神會也，牟先生可說是道家圓唱的千古解人了。

二、真人的冥悟證會——兩忘化其道

畸人的超越性格，展現了反反以顯眞的批判功夫，從畸人躍進到眞人，是精神辯證發展中，從反到合的再一次揚昇，而這一次的再躍進、再揚昇，所藉助的是忘的作用，不但要忘能所，也要忘天人，更要相忘於道術。能忘才能「虛室生白，吉祥止止」（四：三二），能忘才能「遊心於淡，合氣於漠，順物自然而無容私焉，而天下治矣」（七：一〇），能忘才能「體盡無窮，而遊無朕，盡其所受乎天而無見得」（七：三二）、才能「不將不迎，應而不藏，故能勝物而不傷」（同上）。但是忘絕非喪失記憶力，像土石一般的不識不知，而是如〈德充符〉所說之：「不以好惡內傷其身，常因自然而不益生也」（五：五七），〈大宗師〉既然在講眞人的妙證，那麼對於眞人忘的功夫一定會有精采的敘述：

> 顏回曰：「回益矣。」仲尼曰：「何謂也？」曰：「回忘仁義矣。」曰：「可矣，猶未也。」他日復見，曰：「回益矣。」曰：「何謂也？」曰：「回忘禮樂矣。」曰：「可矣，猶未也。」他日復見，曰：「回益矣。」曰：「何謂也？」曰：「回坐忘矣。」仲尼蹵然曰：「何謂坐忘？」顏回曰：「墮肢體，黜聰明，離形去知，同於大通，此謂坐忘。」仲尼曰：「同則無好也，化則無常也，而果其賢乎，丘也請從而後也。」（六：八九）

這是一節非常引人入勝的師生對話。依道家的想法，仁義禮樂是悖棄自然天眞的人爲造作，一個尋找解脫的求道者，一定要絕棄這些俗情世法，才不會被牽扯羈絡，但如果只是到這裡就停止，頂多只能是孟子反、子琴張那種遊方於外的孤戀自賞而已，孔子雖然肯定顏回的忘仁義忘禮樂，卻不同意他到此就停，蓋到此就停顏回將不過是另外一個畸人罷了，若想徹底了悟做一個同於大通的眞人，就得從忘仁義忘禮樂的反省批判，再進化到「墮肢體，黜聰明，離形去知」的「坐忘」。墮肢體不是自殘形軀、自廢武功；黜聰明也不是關閉耳目、放棄知能。原來莊子認爲生死的喜惡、欲望的競求、情緒的紛馳等等偏見都是黏著於形的有限性而後有，至於知的計較、名的爭執則是固限於心的封閉性才發生，所以他主張超克形的有限性（離形）與心的封閉性（去知），讓生命回歸自然，重新享受「無何有之鄉，廣莫之野」（一：四六）的清閒自在，然離形而形仍在，去知而知猶存，只是不拘於形、不泥於知，惟形形而不形、知知而不知，顯一兩忘而化其道的無跡無本、即跡即本，這就是「坐忘」。郭象曾說：

> 夫坐忘者，奚所不忘哉！既忘其跡，又忘其所以跡者，內不覺其一身，外不識有天地，然後曠然與變化爲體而無不通也。（註一七）

他把「坐忘」形容是忘其跡、亦忘其所以跡，忘其身、亦忘其所以身，這就是兩忘。惟兩忘才能兩行，惟兩行才是天人相不勝的眞人，郭象以跡冥圓融來闡發莊子大宗師的妙義，實是不刊之諦解，而後起之宣穎、王船山等，皆不能橫出其義（註一八），筆者由此乃確信，從「反」到「忘」，誠爲畸人昇化成眞人之向上一機也。

肆、結　論

任何一個生命理想的昇華或精神境界的躍進，都要歷經正反合的辯證過程。正是理即，也是原始的和諧；反則　是超越，能有自我之超越，則亦必有被自我之超越所超越者，所以反又是原始和諧的割裂，割裂的目的是爲了有所拋棄、有所揚昇；合是究竟即，是從超越揚昇進一步再帶出來的二度和諧，惟能臻此化境，才是即人即天、即跡即冥的圓融完滿，莊子的〈大宗師〉就是要以這種跡冥圓融的眞人爲極致，這種人之所以爲眞，是因爲他能夠超拔提昇，更能夠同體肯定，王師邦雄說：

大宗師就是要畫成一個圓，一個是由人往天上走，一個是由天往人間落，人要到天的層次，但我們不停留在天的層次，我們在天還要回到人，每一步的人間步調都是向天，而每一步的向天上走，都是爲了回過頭來支持人間，這樣剛好畫一個圓，使天人契合爲一。（註一九）

「天人的契合爲一」誠是眞人的最佳寫照。然天人之所以尙待契合爲一，正是預告了天人之間先會有不可免的分隔。換言之，凡眞人之圓化天人、兩忘其道，都得先有一段天人之對立，筆者因此敢說「從天人的超越區分到辯證融合」是人格理想極成圓現之共同型模。

表現天人之對立而凸顯生命崇高感的人，在〈大宗師〉中統稱之爲畸人，畸人遺世而獨立，其功夫是反反以顯眞，如狐不偕、務光、伯夷、叔齊、箕子、胥餘、紀他、申徒狄、子祀、子輿、子犁、子來、子桑戶、孟子反、子琴張等都是畸人。眞人則表現辯證融合的圓滿理境，他化掉畸人的孤亢，也化掉畸人的悲涼蒼莽；他一方面昂首天際，另方面也行走人間；他把反反以顯眞的批判功夫超化成墮肢體、黜聰明的兩忘化其道，在〈大宗師〉中，女偊、孔子、顏回、孟孫才等寥寥幾位是眞人。一般人大多只願意活在世俗的掌聲中、只陶醉在名利權位的牢籠裡，以此之故反把超脫世俗之外的豪傑視做畸人，殊不知人之君子正是天之小人，畸人之畸其實是大。做畸人本來已經十分不容易了，卻還要大而化之以歸於平平，所以眞人永遠是更少數。人原本都是眞，倒頭來卻只有極少數人能眞，此誠是亙古之悲情，〈大宗師〉雖暢言畸人之超越感與眞人之圓融性，文章最後卻以「命也夫」收尾，則雖曠達如莊子者，於此亦不能無憾也。

【註釋】

註　一：「超越的區分」原是康德在知識論上，原創而又重要的一項區分，這裡所謂「天人的超越區分」僅借用康德之用語，並類比其義罷了，而非順守著康德之原始構想。康德在知識論上首先提出「現象」與「物自身」的超越區分，他認爲現象是經驗的，乃物自身被人之先驗感性形式——時空——所攝取，而再顯之帶方所的意象，物自身對人來說則是一個限制概念，因爲它只能依靠智的直覺去認識，而此智的直覺惟上帝能之，所以人永遠無法了解物自身。依此，現象是有限而可變者，物自身是恒眞而不變者，筆者就根據這一點，拿眞常的天理和有限且當被超化的人欲與之相比擬，而提出「天人的超越區分」此一概念，此概念和康德之最大不同處是，前者乃純然是價値性之區分，後者則側重知識論之區分。關於此一概念較詳細之說明，請參閱筆者《從老莊思想詮詁莊書外雜篇的生命哲學》（國立中央大學哲學研究所，民國八一年五月）頁三一及頁五〇。

註　二：《論語·里仁》子曰：「君子喻於義，小人喻於利。」

註　三：《陸象山全集·卷三十五語錄下》頁四五九。民國七〇年一月台北里仁翻印。

註　四：本文凡有引用《莊子》，皆根據齊思和所編之《莊子引得》，爲避免註腳之雜多，均直接於引用之文句下面逕標其篇次與行第，如（三三：五四）就是《莊子·天下篇第三十三》之第五十四行，下均仿此。

註　五：郭慶藩輯《莊子集釋》頁二七三；民國六三年二月台北河洛翻印。

註　六：前揭書頁二五四。

註　七：同前註。

註　八：同前註。

註　九：此所謂孔子的圓境並非指涉儒家中眞正孔子的圓，而是根據〈大宗師〉原文脈絡所理解之孔子的圓，因此它應該是道家式的化境，〈天下篇〉說莊子是：「以謬悠之說，荒唐之言，無端崖之辭，時恣縱而不儻」（三三：六四），〈大宗師〉藉孔子以表生命之圓成並意將孔子道家化，是爲一例。

註一〇：《莊子集釋》頁二四〇。

註一一：憨山大師《莊子內篇注》卷四頁十七至十八；民國六二年六月台北廣文景本。此外憨山大師又說：「眞人遊行於世，無心而遊，雖行而不勞也。」（頁十六）

註一二：王師邦雄《中國哲學論集》頁八六；民國七二年八月台北學生。

註一三：《莊子集釋》頁二五五。

註一四：《莊子內篇注》卷四頁二一。

註一五：牟宗三先生《佛性與般若》下冊頁一二〇四至一二〇五；民國六六年六月台北學生。

註一六：牟先生《圓善論》頁二九八至二九九；民國七四年七月台北學生。

註一七：《莊子集釋》頁二八五。

註一八：宣穎注〈大宗師〉之「坐忘」引陳詳道曰：「枝海以為百川，則見川不見海；合百川以歸海，則見海不見川。道，海也；仁義禮樂，百川也。回得道而忘仁義禮樂，是覩海而忘百川，然猶未忘道也，至於離形忘物、去知忘心，冥然無所係心，則道果何在哉？與我兼忘而已矣，此回之所以賢也。」（宣穎《莊子南華經解》頁七三；民國六六年六月台北宏業景本）。又王船山說：「坐忘，則非但忘物，而先忘其吾。坐可忘，則坐可馳，安驅以遊於生死，大通以一其所不一，而不死不生之眞與寥天一矣。」（王船山《莊子解》頁六九；民國六三年一〇月台北洛河翻印）。

註一九：王師邦雄〈莊子系列㈥——大宗師〉；《鵝湖月刊》二一五期頁四，民國八二年五月台北鵝湖。